진짜 좋아하는 일만 하고 사는 법

인생에 극적인 전환점을 만드는 마인드셋 업그레이드

진짜 좋아하는 일만 하고 사는 법

데릭 시버스 지음 · 정지현 옮김

현대
지성

인생의 가치를 찾고, 행동으로 옮기게 하는
가장 구체적인 통찰

첫 번째 책 『당신이 원하는 것은 무엇이든Anything You Want』에서 나는 어떻게 창업을 하고 회사를 키워 매각했는지 이야기했다. 회사를 팔 때 내가 27세 때부터 해온 일을 절대로 하면 안 된다고 합의하는 내용의 계약서에 서명했다. 어쩔 수 없이 새로운 인생을 만들어 나갈 방법을 궁리할 수밖에 없었다.

나는 가치 있는 일이 무엇인지 찾고, 잘못된 생각을 고치고, 생각을 행동으로 옮기는 방법에 대해 많이 고민했다. 10년 동안 하루에 몇 시간씩 일기를 쓰면서 스스로 질문하고 답했다. 그 생각들이 다른 사람에게도 유용할 것 같으면 기사로 작성했고, 그것이 바로 이 책에 담긴 내용이다.

나는 글을 간결하게 쓴다. 생각을 소개하는 것뿐이기 때문이다. 그것을 삶에 적용하는 일은 당신이 더 잘할 것이다. 하지만 더 많은 생각을 듣고 싶거나 이야기하고 싶다면 각 장의 끝부분에 나오는 URL을 방문하기를 바란다. 각각의 주제에 관한 많은 흥미로운 댓글을 발견하거나 당신의 생각을 올릴 수도 있다. 아니면 그저 sive.rs/contact로 인사하러 와도 된다. 내 글을 읽는 사람들과 이어지는 것을 좋아한다. 나는 이메일에도 무조건 답장한다.

데릭 시버스

2
장

위대한 것들을 위해
좋은 것들 거절하기

3
장

인생의 진로를 바꾸는
스마트한 생각법

4
장

관점의 힘:
즐거운 변화의 시작

5
장

좋아하는 일을 하면서
돈을 많이 버는 방법

6
장

**단단한 편견을 깨는
생각 전환의 기술**

7장

내 인생에
언제나 '예스'라고 말하기

일러두기

1 글 밑에 있는 큐알 코드를 찍으면, 저자의 생각에 대해 전 세계의 독자들이 각자의 경험과 의견을 공유한 글로 연결된다. 각 주제에 대해 여러 다른 관점과 경험이 독서를 더욱 풍성하게 할 것이다.

2 〈인생 질문〉은, 각각의 메시지를 좀 더 깊이 생각해보도록 짧은 질문 형태로 만든 것이다.

HELL YEAH OR NO, WHAT'S WORTH DOING

나처럼 사는 건
나밖에 없다

돈도, 관심도 더 이상 필요 없다면
당신은 무엇을 할 텐가?

What if you didn't need money or attention?

식사를 거하게 하고 난 후의 느낌을 아는가?

"너무 배가 불러서 더 이상 아무것도 먹고 싶지 않다."

음식이 아닌, 삶의 다른 영역에서는 그게 어떤 느낌일지 궁금한 적이 있는가?

우리는 관심을 받기 위해, 중요한 사람이라고 느끼거나 칭찬받기 위해 많은 것을 한다. 하지만 만약 엄청나게 많은 관심과 칭찬을 이미 다 받아서 그런 것이 더 이상 필요하지 않다면 어떤 기분일까? 그렇다면 당신은 어떻게 하겠는가? 그 상황에서 당신이 더 이상 하지 않을 일은 무엇인가?

우리는 필요하든 그렇지 않든, 돈을 벌기 위해 많은 것을 한다. 하지만 더 이상 필요하지 않을 정도로 돈이 많다면 어떻게 할 것인가? 그 상황에서 당신이 더 이상 하지 않을 일은 무엇인가?

단지 돈이나 관심을 끌기 위해 했던 일들을 전부 그만둔다면 나에게는 무엇이 남을까? 그런 일들을 하지 않는다면 당신은 누구인가? 인생에 전적으로 만족한다면 그다음은 어떻게 하겠는가? 잠깐 휴식을 취한 후에 어떤 목표를 추구할 것인가?

'아무것도 안 할 거야'라는 말은 하지 말자. 그건 그냥 쉰다는 얘기니까. 그렇게 충분히 쉬고 나서 사람들을 도울 준비가 된 후를 말하는 거다. 돈이 필요하지 않다면, 관심도 필요하지 않다면, 당신은 무엇을 할 것인가?

Life Question ①
더 이상 필요하지 않을 정도로 돈이 많다면 당신은 무엇을 할 것인가?

sive.rs/full

당신의 생산성을 끌어올려주는 관점

You don't have to be local

우리는 자기 시간을 '지역구'로 쓸지 '세계구'로 쓸지 결정할 수 있다. 만약 당신이 지역구라면 지역사회에 집중하고 대면 방식으로 일을 처리한다. 하지만 그러면 세계 무대에 쏟을 시간이 적어진다.

만약 당신이 세계구라면 전 세계를 위해 무언가를 만들어낼 것이다. 하지만 그러면 지역사회의 일원으로 이바지할 시간이 적어진다.

두 접근법 모두 무조건 맞거나 틀린 것은 아니지만 각각의 장단점은 알고 있어야 한다.

나는 뉴욕주 우드스톡에서 3년 동안 살았다. 거기에서 온라인 회사를 창업했다. 하지만 우드스톡에서 알게 된 사람은 한 명도 없다. 그냥 거기 살기만 했을 뿐 사람들을 사귀지는 않았으니까. 내 관심은 전 세계로 향했고 덕분에 사업이 빠르게 성장할 수 있었다. 그 후 오리건주 포틀랜드에서 3년을 살았다. 자는 시간만 빼고 일만 할 정도로 무척 생산적인 삶이었다. 전 세계의 좋은 친구들을 사귀었지만 포틀랜드에서도 사람들과 어울리지는 않았다. 그저 일하고 잠만 자는 곳이었다. 내 관심은 여전히 전 세계로 향해 있었다.

그다음에는 싱가포르에서 3년을 살았는데 이번에는 정반대로 해보기로 했다. 지역사회에 적극적으로 관여하기로 한 것이다. 언제든 문을 열어두었고 어떤 요청이든 받아들이고 수많은 사람을 만나고 행사가 있을 때마다 빠지지 않고 참석했다. 사람들과 이야기하고 싱가포르 사회를 깊이 알아가는 데 대부분 시간을 쏟았다.

그런데 뭔가 잘못된 느낌이 들었다. 온종일 사람들과 이야기를 나누고 나면 기진맥진하기 일쑤였고 성취감도 전혀 느껴지지 않았다. '내 지혜를 빌리고 싶어 하는' 사람과 이야기를 나누는 데 쓰는 두 시간은 그 한 명을 포함해 전 세계에 도움이 될 만한 뭔가를 만드는 데 쓸 수 있는 시간이기도 했다.

미국에 있는 사람들이 내가 요즘 왜 이렇게 조용한지 이메일로 묻기 시작했다. 왜 글도 새로 안 올리고 새 프로젝트 소식도 없고, 아무것도 하지 않느냐고.

이렇게 장단점이 있다. 지역구에 집중할 때는 내가 속한 공동체에 유용한 일을 할 수 있지만 전 세계에는 별로 쓸모가 없다. 그리하여 나는 마침내 인정하게 되었다. 나는 지역구 스타일이 아니다.

나는 여러 장소에 연결되어 있는 것을 소중히 여긴다. 지금 한 곳에 살고 있다고 해서 다른 곳에 무관심해서는 안 된다는 생각이다. 한 지역에만 집중하는 것은 나에게는 옳지 않다고 느껴졌다. 우드스톡과 포틀랜드에 살 때 사람들은 내가 지역 음악계의 발전을 위해 뭘 하고 있는지를 물었다. 나는 우드스톡이나 포틀랜드를 웰링턴이나 프라하보다 지나치게 선호해서는 안 된다고 주장했다. 내 경우에 그렇다는 것이다.

어떤 사람들은 내부인과 외부인이 강하게 분리되어 있다고 느낀다. 우리는 가족, 이웃, 조직, 친구 들에게는 내부인이다. 그들을 제외한 사람들은 모두 외부인이다. 그런데 어떤 사람들은 분리감을 느끼지 않는다. 어디서 왔는지, 누구를 알고 있는지에 상관없이 동등하게 대우한다. 그들에게 외부인은 없다. 자신이 어디에서 왔는지가 아니라 누구인가를 바탕으로 연결고리를 만든다.

성향이 내향적이냐 외향적이냐, 또는 보수적이냐 진보적이냐와 마찬가지로 이런 기본적인 세계관은 삶과 일에 대한 당신의 접근법을 독특하게 형성하는 중요한 요소다.

기업은 현지 시장을 성장시키거나, 세계 시장을 키우는 데 집중할 수 있다. 뮤지션은 지역 공연에 집중할 수도 있고 온라인으로 팬을 만나는 데 집중할 수 있다. 서로 완전히 다른 접근법이고 여기에 필요하다. 둘 다 옳거나 틀린 것은 없다. 자기 자신에게 가장 적절한 균형을 선택할 수 있다는 것만 기억하자.

말이 아닌 행동에서
진정한 가치관이 드러난다

Actions, not words, reveal our real values

나는 오랜 멘토에게 회사를 차리고 싶다고 말했다. 그가 말했다.

"아니, 그거 네가 원하는 일이 아니야."

내가 또 말했다.

"진정으로 원하는 일이에요. 저에게 정말 중요한 일이라고요!"

그러자 그가 말했다.

"아니, 그렇지 않아. 말로 한다고 진심이란 뜻은 아니거든."

"제 말을 무시하지 마세요. 전 저를 잘 알아요. 저한테 정말 중요한 일이에요."

"난 네 말을 무시하고 네 행동만 보면 돼. 사람의 가치관은 언제나 행동에서 드러나는 법이니까."

그 말에 대해 생각해보았지만 맞는 말 같지 않았다. 외국어를 배우고 싶거나 회사를 차리고 싶지만 아직 시작하지 않은 사람들도 있지 않은가? 담배를 끊고 싶거나 직장을 그만두고 싶지만 아직 그렇게 하지 못한 사람들은 또 어쩌고?

멘토는 이렇게 말했다. "그 사람들이 정말로 그걸 하고 싶었다면 진즉 했을 거다. 회사를 차리고 싶다는 말을 2008년부터 했지만 넌 절대로 실행에 옮기진 않았지. 난 네 행동을 보고 네가 새로운 회사를 창업하고 싶다는 게 진심이 아니라고 말하는 거야. 넌 배움과 글쓰기, 아이와 시간 보내기에 집중하는 지금의 단순한 삶을 더 선호해. 말로는 뭐라고 하든 진실을 보여주는 건 행동이지."

와, 정말 그의 말이 옳았다.

나는 수년 동안 뭔가를 하고 싶다고 자신을 속였지만 내 행동은 그 말이 진심이 아님을 증명했다. 원하는 마음이 조금 있긴 했지만 더 많이 원하는 게 따로 있었다.

지금 나는 무언가를 원한다고 말하지만 행동으로 옮기지 못하는 친구들에게 이 내용을 공유하고 있다. 그때마다 나와 똑같은 반응이 나온다. 당신이 다른 사람들이나 자신에게 뭐라고 말하든 당신의 진정한 가치관을 드러내는 건 행동이다. 행동은 당신이 실제로 원하는 것을 보여준다.

이에 대한 두 가지 현명한 반응이 있다.
1. 자신에게 거짓말을 그만하고 자신의 진짜 우선순위를 인정하는 것.
2. 당신이 하고 싶다고 말하는 것을 행동으로 옮기기 시작하고 진심인지 확인해보는 것.

과거의 타이틀에
더 이상 매이지 마라

Keep earning your title, or it expires

나는 어제까지만 해도 자신을 '창업가'라고 불렀다. 지금은 아니다. 회사를 창업한 지 꽤 오래 지났으니 그 명칭을 계속 쓸 수는 없다.

고등학교 때 축구 선수였다고 언제까지나 운동선수라고 할 수는 없다. 오래전에 성공을 거둔 사람은 더 이상 성공한 사람이라고 할 수 없다.

직함에 걸맞은 자격을 얻기 위해 계속 노력해야 한다.

과거의 자격에 대한 집착은 행동 없는 만족감을 줄 뿐이다. 하지만 성공은 선언이 아니라 행동에서 나온다. 필요한 일을 하지 않고 어떤 직함을 사용하는 것은 '이게 바로 나야!'라는 생각으로 미래의 성공이 보장되어 있다고 자신을 속이는 것과 같다. 그 섣부른 만족감은 성공에 필요한 노력을 하지 않게 만든다.

더 이상 자신을 속이지 마라. 과거와 현재에 대해 자신에게 솔직해져라.

오래된 타이틀을 더 이상 사용하지 않게 되면, 지금 하고 있는 일을 받아들일 수 있다.

그 직함을 잃는 게 싫다면 가만히 있지 말고 뭐든 해야 한다! '리더'나 '위험을 무릅쓰는 사람', '좋은 친구'와 같은 직함도 마찬가지다.

오늘 나는 내가 이룬 것들이 과거의 일이라는 사실을 반영해 내 웹사이트를 업데이트했다. 당신이 이룬 것에 대해 과거 시제로 말하고, 지금 무엇을 하고 있는지에 대해서만 현재 시제로 말해보라. 커다란 자유를 주는 경험일 것이다.

Life Question ❹
지금 이 순간 나는 무엇을 위해 살고 있는가?

sive.rs/expire

그 일을 왜 하는가?

당신이 지금 그 일을 왜 하고 있는지 아는 것은 중요하다.
대부분 사람은 잘 모른다. 그저 흐름을 따라갈 뿐이다.

사회 규범은 강력하다. 당신에게 강력한 영향을 끼친다.
훌륭한 이야기, 책 또는 동영상은 즉시 당신의 생각을 이리
저리 흔들어놓는다.

하지만 당신은 죽음을 앞두고 크게 후회하고 싶지는 않
을 것이다. 자신이 진정으로 원하는 것을 하지 않고 남들이
그래야만 한다고 말하는 기준에 맞춰 살다가 삶을 송두리
째 빼앗기는 경험 말이다.

만약 돈을 많이 벌고 싶다면, 그 사실을 인정하고 그 목표를 향해 나아가야 한다. 유명해지고 싶다면 그 목표를 뚜렷하게 설정하고 그것을 추구해야 한다. 만약 당신이 책임보다는 자유를 추구한다면 그것을 깨닫고 받아들여야 하며, 배우고자 하는 열망이 있다면 그것을 쫓아가야 한다. 당신이 원하는 것이 무엇이든, 그것을 원한다는 사실을 인정하고 받아들이는 것이 중요하다.

어떤 결정을 내리든 그 목표를 위한 최적화된 상황을 만들고 다른 것은 기꺼이 내려놓을 수 있어야 한다.

모든 것을 다 하려고 에너지를 분산시키면 결국 자신과 충돌하게 될 수밖에 없다. 예를 들어, 돈을 많이 벌려면 많은 책임이 뒤따라야 하고 자유를 어느 정도 포기해야 한다는 뜻이다.

유명해지려면 당신이 스포트라이트를 받는 동안 다른 사람들이 돈을 더 많이 벌게 해주어야 한다. 이것은 내가 로스앤젤레스에 살 때 유명 할리우드 배우들이 우리가 생각하는 것처럼 그렇게 돈이 많지 않다는 것을 알게 되면서 깨달은 사실이다. 할리우드에서 가장 부유한 사람들은 당신이 들어본 적도 없는 사람들이다. 그들은 돈 버는 일에 최적화되어 있다. 그들은 다른 사람들이 더 많은 명성을 얻는 대가로 기꺼이 더 적은 돈을 감수할 의향이 있다는 것을 알고 있기 때문에 거래의 반대편에서 이익을 얻는다.

당신에게 가장 중요한 것은 배우는 것이나 뭔가를 만드는 것, 베푸는 것일 수도 있다. 많은 사람에게 선한 영향을 주는 일일지도 모른다. 혹은 소수에게 깊은 영향을 주고 싶을 수도 있다.

그렇게 당신이 진정으로 원하는 것이 무엇인지 깨닫고 인정한 다음에는 그것을 추구해야 한다. 자유를 원한다면 사업체를 소유하기만 하고 모든 업무를 위임하라. 다른 전략으로 할 수 있는 만큼 배우거나 창조하거나 베풀지는 못할 수 있지만, 괜찮다. 당신이 원하는 게 자유라는 것을 확실히 알고 있으니까.

때로는 직관에 반하는 것이 최선의 전략일 수도 있다. 돈을 많이 버는 직업을 가지고 있지만 자선활동으로 베푸는 것이 당신에게 중요하다면, 최선의 전략은 모기장을 설치하러 가기 위해 직장을 그만두는 것이 아니라, 지금 하는 일을 계속하며 돈을 최대한 많이 벌어서 아프리카에 모기장을 설치해주는 단체에 자금을 많이 지원하는 것이다. (당신의 목표가 겉으로만 자선 활동하는 것처럼 보이는 게 아니라면 말이다. 만약 그렇더라도 스스로 인정해야 한다.)

무엇을 선택하든 마음을 단단히 먹어야 한다. 분명 다른 사람들은 당신이 틀렸다고 말할 테니까.

그래서 더더욱 당신이 그 일을 하는 이유를 알아야 한다. 미리 알고 있어야 한다. 그것을 나침반 삼아서 삶을 최적화하라. 다른 목표의 우선순위는 뒤로 밀려나야 한다. 그래야 중요한 선택의 순간에 자신에게 가장 중요한 것이 무엇인지 알고 그것을 선택할 수 있다.

Life Question 5
다른 것을 기꺼이 포기할 정도로 좋아하는 일인가?

_____ sive.rs/why

나 자신으로 살면
언제나 반대에 부딪힐 것이다

Some will always say you're wrong

어떤 사람들은 돈에 집중한다. 어떤 사람들은 그렇지 않다.

어떤 이들은 도움이 필요한 사람을 돕는 일에서 영감을 받는다. 또 어떤 사람들은 그렇지 않다.

어떤 사람들은 명성과 권력, 특권에 집중한다.

또 다른 이들은 익명성 그리고 책임으로부터의 자유를 원한다.

온라인에서는 자신을 드러내지만 오프라인에서는 익명성을 선호한다.

시간은 넉넉하게 베풀지만 돈에는 인색할 수도 있다.

직장에서는 내향적이지만 그 이외의 곳에서는 외향적
이다.

이처럼 사람들은 삶의 여러 영역에서 저마다 선호하는 것
이 다르다. 자신의 선호도를 잘 알아야 한다. 당신이 무엇을
하든 당신이 틀렸다고 말할 사람은 언제나 있기 때문이다.

당신이 돈에 관심 없다고 하면 사람들은 어리석다고 할
것이다.
당신이 자선에 관심 없다고 하면 사람들은 욕심이 많다
고 할 것이다.
사교를 별로 좋아하지 않는다면 사람들은 남들보다 뒤처
진다고 할 것이다.

소설가는 숲속 오두막에서 혼자 있을 때 제 능력을 발휘
할 수 있고 수백만 부가 팔리는 책을 쓴다. 저널리스트는 북
적거리는 사람들 틈에서 모두와 이야기를 나누고 수많은 이
야기의 가닥을 잘 모아서 서사를 만들어야 제 능력을 발휘
한다. 조용한 사서. 호전적인 변호사. 괴짜 예술가. 이런 직
업에는 굳이 설명이 필요하지 않을 것이다.

하지만 일반적인 이미지에 어긋나면 사람들에게 혼란을
줄 수 있다.

- 돈에 관심 없는 기업가
- 군중을 피하는 음악가
- 사리사욕을 추구하는 환경운동가
- 규율을 따르는 예술가

당신이 이런 부류에 해당하더라도 미리 비판을 예상하고
자신의 특이함에 자부심을 가지면 당신은 진정으로 원하는
사람이 될 수 있고 사람들에게 웃는 얼굴로 반격할 수 있다.

누군가 당신이 틀렸다고 말할 때마다 당신에게는 제대로
된 일을 할 수 있는 기회가 된다.

Life Question 6

타인의 반대에 굴하지 않을 힘은 어디서 오는가?

_____ sive.rs/wrong

모방하라.
우리는 불완전한 거울이다

Imitate. We are imperfect mirrors

내가 만들었으면 얼마나 좋았을까 싶은 노래가 있는가? 모방하라.

대기업이 수백만 달러에 사들인 그 회사의 아이디어를 내가 떠올렸다면 얼마나 좋았을까 싶은가? 모방하라.

왜냐고?

우리는 불완전한 거울이기 때문이다.

비치는 모든 것을 굴절시키는 유령의 집 거울처럼 당신의 모방작은 원본과 크게 달라질 것이다. 어쩌면 더 나을 수도 있다.

음악가가 다른 사람의 노래를 커버할 때 우리는 원곡이 어떤지 잘 알기에 커버곡에서 드러난 그만의 굴절된 관점을 볼 수 있다. 이런 이유에서 커버곡은 예술가로서 당신이 누구인지 정의하는 좋은 방법이다.

음악가가 다른 사람의 노래를 모방한 새로운 곡을 쓸 때 그 유사성을 알아차리는 사람은 거의 없다. 당신이 어디에서 영감을 얻었는지 직접 말하지 않는 한 다른 이들은 연결고리를 찾지 못할 것이다.

이런 차원에서 기업가는 다른 사람의 사업을 모방하고도 여전히 세상에 훌륭한 서비스를 보탤 수 있다.

나는 내가 하는 모든 것이 100퍼센트 오리지널이어야만 한다고 믿었다. 예전 회사의 경쟁사는 음악가들에게 신용카드 기계를 사용하도록 제공했다. 우리 고객들은 그 서비스가 얼마나 만족스러운지 말해주었고 우리 회사에도 그런 서비스가 있었으면 좋겠다고 했다. 하지만 경쟁업체를 모방하는 것은 말도 안 된다고 나는 생각했다.

자존심을 버리고 그 아이디어를 모방하는 것이 고객들을

위한 일이라는 사실을 깨닫는 데는 오랜 시간이 걸렸다. 결국 그 아이디어를 모방했고 그것은 내가 거둔 가장 큰 성공 가운데 하나였다. 그 작은 신용카드 기계는 수천 명의 음악가에게 800만 달러가 넘는 돈을 벌게 해주었다.

세상에 이미 존재하는 아이디어들을 한 번 살펴보라. 다른 아이디어를 모방하더라도 가치 있고 특별한 무언가를 제공할 수 있다.

08

과거의 생각이 미래의 나를
정의해서는 안 된다

Old opinions shouldn't define who we are in the future

무언가를 좋아하거나 싫어한다고 말할 때는 조심하라. 머지않아 마음이 바뀔 수도 있으니까.

데이비드 레터맨이 진행하는 프로그램에 게스트로 출연한 톰 웨이츠Tom Waits의 음악을 처음 들었을 때는 실력이 너무 형편없어서 장난인 줄 알았다. 몇 년 후에 그의 노래를 다시 들었을 때도 온 마음을 다해 싫어했다. 그러다가 그가 콜 포터Cole Porter의 곡 〈It's All Right with Me〉를 부르는 것을 들었는데 정말 좋았다. 그래서 그의 앨범 《레인 독스》Rain Dogs를 샀고 그 곡뿐만 아니라 모든 곡도 사랑하게 되었다. 재미

있는 것은 유튜브에서 새로 좋아하게 된 노래의 예전 공연을 찾았는데, 그 노래는 내가 그토록 싫어했던 데이비드 레터맨에 출연했던 그 노래라는 사실을 깨달았다는 점이다.

처음에 나는 인도네시아에 대한 편견이 없었다. 뉴욕주의 집에서 전 세계에 CD를 판매하는 씨디베이비cdbaby.com를 운영할 때였다. 인도네시아에서 주문이 엄청나게 많이 들어와서 수천 달러어치 CD를 그곳으로 배송했다. 그리고 몇 달 후 은행에서 연락이 왔는데 도난당한 신용카드를 이용한 사기성 주문이라면서 돈을 전부 회수해갔다. 나는 '도둑의 나라'라고 인도네시아를 욕했고, 인도네시아에서 내 사이트에 주문하지 못하도록 막아버렸다.

10년 후에 나는 싱가포르에 살고 있었고 〈TEDx자카르타〉에 초대받아 강연하게 되었다. 인도네시아 연사 20명이 그들의 이야기를 들려주고 놀라운 작업물을 보여주었다. 정말이지 마음이 따뜻해지고 사랑스러웠다. 나는 새로 사귄 인도네시아 친구들의 집에서 일주일을 보내며 그곳 사람들과 사랑에 빠졌다. 내가 인도네시아를 싫어했다는 사실이 나중에 기억났다. 하지만 경험은 편견을 없앤다.

웨이트 운동도 마찬가지이다. 나는 수십 년 동안 웨이트 운동이 멍청하고 허영 많으며, 운동에 미친 남자들이 생각 없이 하는 일이라고 비웃었다. 그런데 우리가 건강을 위해 할 수 있는 최고의 일이 바로 웨이트 트레이닝임을 보여주는 연구 결과가 계속 쏟아져 나왔다. 그래서 나도 하게 되었고 지금까지 굉장히 즐기고 있다.

물론 반대로 되는 일도 있다. 10대 때 좋아했지만 지금은 좋아하지 않는 음식과 음악처럼 말이다.

과거의 내가 알면 뭐라고 할지 생각하니 웃음이 나온다. 그러나 이전의 내가 항상 옳은 것은 아니다. 무언가에 대한 첫 번째 견해가 자신의 순수하고 때 묻지 않고 진정한 본질을 드러내준다는 생각으로 계속 고집해서는 안 된다. 대개는 경험 부족 또는 일시적인 단계에 따른 결과일 때가 많으니까. 과거의 생각이 미래의 나를 정의해서는 안 된다.

Life Question ⑧
내가 인지하는, 나의 깊은 선입견과 편견은 무엇인가?

sive.rs/hate

09

대중이 보는 나는 '진짜 나'가 아니다

The public you is not you

당신이 나와 같은 방식으로 이 사실을 깨닫는 일이 없기를 바란다.

어느 날 PHP 프로그래밍 언어와 웹 프레임워크 루비 온 레일즈Ruby on Rails를 전환하는 방법에 대해 내가 아는 내용을 공유하려고 블로그에 글을 썼다. 당시 내 블로그에는 방문자가 거의 없어서 그걸 읽을 사람은 없다고 생각했다. 그냥 개인 기록용으로 쓴 것이었다.

하지만 다음 날 아침에 일어나보니 내 게시물이 테크 뉴스 사이트 전체에 퍼져 있었고, 마치 내가 종교를 모욕하기라도 한 것처럼 난리가 나 있었다. 내가 바보천치이고 형편없는 프로그래머라고 욕하는 댓글이 천 개가 넘게 달렸다.

그런 일을 겪으면 누구나 그렇겠지만 나도 처음에는 화가 났고 모욕감을 느꼈다. 하지만 다행히도 순간 머릿속에 전구가 켜지듯 가장 중요한 사실을 깨달았다. 사람들이 말하는 대상은 내가 아니었다. 그들이 말하고 있는 대상은 나를 닮은 인형이었다. 나와 이름이 똑같은 작은 온라인 아바타였고, 그것은 내가 아니었다.

내가 형편없는 프로그래머라는 그들의 말에 나는 기분이 상할 필요가 없었다. 그 사람들은 내 코드를 본 적이 없으니까. 멍청이라는 말에도 기분 나빠할 필요가 없었다. 그들은 나를 모르니까. 그저 온라인 게시물을 읽고 모욕적인 말을 내뱉은 것이었다. 그들의 그런 반응은 '진짜 나'와는 아무 상관이 없었다.

갑자기 비디오 게임 캐릭터가 공격당하는 모습을 보는 듯 느껴졌다. 게임의 일부로 재미있게 볼 수 있었고 개인적인 감정은 전혀 없었다.

순간, 칭찬도 마찬가지라는 것을 깨달았다. 칭찬도 개인적으로 받아들이면 안 된다는 진실 말이다. 어떤 사람들은 내가 만들거나 작성한 것을 마음에 들어 하면서 좋은 말을 해준다. 하지만 그것 역시 진짜 내가 아니다.

결론은 이렇다. 대중의 말은 당신이 만든 무언가에 대한 피드백일 뿐이다. 당신의 작업물이 어떻게 받아들여지는지 알아보기 위해서라면 읽을 가치가 있다. 당신이 만든 대중적인 이미지에 대한 피드백으로 받아들일 수도 있다. 하지만 사람들이 당신에 대해 아는 것은 당신이 그들에게 보여주기로 선택한 모습뿐이다. 따라서 당신의 대중적인 페르소나가 잘못 비치고 있다면 변화를 주는 것도 고려해보라.

대중에게 비친 나는 진짜 내가 아니라는 것을 절대 잊지 마라.

Life Question ⑨

대중의 아우성이 영향을 미칠 수 없는 내면의 성소가 있는가?

_____ sive.rs/publicu

10

성격은 당신의 미래를 예측한다

Character predicts your future

나는 수년 전 뉴욕시에서 음악 산업에 몸담았다. 그리고 그곳을 떠났다.

15년이 지나서 뉴욕으로 돌아가 그동안 만나지 못했던 사람들을 많이 만났다. 오랜만에 만난 그들은 대부분 그들의 성격을 바탕으로 충분히 예측할 수 있는 위치에 있었다.

자기 규율이 있는 사람들은 성공을 거두었다. 신경질적인 사람들은 모든 걸 소진하고 꺾여버렸다. 리더처럼 행동했던 사람들은 정말로 리더가 되었다. 성과가 나지 않는다고 남 탓을 하던 사람들은 여전히 그러고 있었다.

예전에 어디에 있었는지는 중요하지 않았다. 중요한 것은 그들이 향하는 방향이었다. 맨 하위층의 무급 인턴에서 굳은 의지와 현명한 접근법으로 맨 위로 올라간 사람들도 있었다. 유명세를 얻고 성공도 거두었지만 너무 연약해 보였던 이들은 역시나 무너져버렸다.

성격은 운명이 아니다. 성격은 태어나기도 전에 DNA에 의해 결정되는 그런 것이 아니다. 성격은 당신의 사소한 선택과 행동이 가져오는 결과이다. 아무리 작은 일이라도 당신이 어떤 일 하나를 처리하는 방식은 나머지 모든 일을 처리하는 방식을 보여준다. 이런 면에서는 무엇 하나 중요하지 않은 게 없다.

행동은 우리가 완전히 통제할 수 있는 것이며 미래의 성공을 보여주는 최고의 지표다.

Life Question ⑩
나의 현재 모습을 가장 잘 보여주는 상징적인 행동은 무엇인가?

sive.rs/character

11

물고기는 자신이
물속에 있다는 것을 모른다

Fish don't know they're in water

물고기는 자신이 물속에 있다는 것을 알지 못한다. 만약 그 사실을 설명해주려고 하면 "물? 물이 뭔데?"라고 반응할 것이다. 그들은 물에 완전히 둘러싸여 있어서 물을 볼 수 없다. 물 밖으로 나오기 전까지는 물을 보지 못한다.

나는 문화도 마찬가지라고 생각한다. 우리는 자기 문화에 완전히 둘러싸여 있어서 그것을 볼 수가 없다. 우리가 진실이라고 생각하는 것의 다수는 우리 문화 속에서만 그럴 뿐이다. 그 문화 밖으로 나가야만 그 사실을 깨달을 수 있다.

나는 미국 캘리포니아에서 태어났고 내 주변에는 거의 항상 예술가와 기업가들이 있었다.

지난주에는 싱가포르의 경영대학원 학생들에게 수업 중에 이렇게 물었다. "언젠가 회사를 창업하고 싶은 사람들이 얼마나 있을까요?" 50명 중에서 단 한 명만 머뭇거리며 손을 들었다. 놀라고 혼란스러웠다. 이 질문을 캘리포니아에서 했더라면 모두가 손을 들었을 것이다! 싱가포르 학생들은 수줍음이 많은가 싶어서 학생들에게 물어보았다. "정말인가요? 왜 창업하고 싶지 않은 거죠?" 대답은 이러했다.

- "뭐 하러 위험을 감수하죠? 나는 안정성을 원해요."
- "대학원까지 와서 돈을 많이 썼으니 회수해야죠."
- "만약 실패하면 가족들 보기가 부끄러울 것 같습니다."

나는 비로소 내가 미국식으로 이 질문을 바라보고 있다는 것을 깨달았다. 미국이 기업가 정신과 자신감으로 똘똘 뭉친 땅이라는 말은 들어봤지만, 미국 밖에 나가서야 비로소 그 실체를 알 수 있었다.

내 싱가포르 친구들은 모두 부모님과 함께 산다. 꽤 성공한 친구들은 물론이고 결혼하고 나서도, 심지어는 35세까지도 부모님과 함께 사는 경우가 많다. 내가 17세에 집을 떠나 독립했다는 말에 친구는 경악하며 말했다. "그건 부모님께 모욕적인 거 아니야? 부모님이 속상해하지 않으셨어?"

그때 나는 내가 속한 미국 문화를 다시 알아차렸다. 미국인들이 개성과 개인주의를 중시한다는 말에는 익숙했지만, 미국 문화 밖으로 나가서야 비로소 그게 내 눈에 보였다.

내가 속한 문화는 세상의 중심이 아니다. 그저 꽃봉오리의 꽃잎 하나에 불과할 뿐. 옳은 문화도 틀린 문화도 없다. 그저 여러 선택권 중 하나일 뿐이다. 나는 물속에 있다는 것을 몰랐던 물고기와 다르지 않았다. 어떤 면에서 당신도 분명 그럴 것이다.

Life Question ⑪

세상을 보는 나의 관점을 더 넓힐 수 있는 방법은 무엇인가?

sive.rs/fish

12

당신은 현재 지향적인가,
미래 지향적인가?

사람이 내향적인가, 외향적인가로 나뉜다는 것은 잘 알 것이다. 하지만 그것보다 훨씬 더 큰 차이가 나타나는 구분 법이 있다. 바로 "현재 지향적인가, 미래 지향적인가"이다.

어떤 사람들은 주로 현재의 순간에 집중한다. 오늘을 위해 살고 지금 당장 기분을 좋게 해주는 일을 한다. 그런가 하면 또 어떤 사람들은 미래에 집중한다. 그들은 오늘을 디딤돌로 삼고 미래의 자신을 위해 최선의 선택을 한다.

나는 전설적인 심리학자 필립 짐바르도Philip Zimbardo의 『타임 패러독스』The Time Paradox라는 책에서 이 시간관에 대해 읽고 매료되었다. 예전에는 미친 것처럼 보였던 사람들이 비로소 이해되었다. 그리고 나의 행동 이유를 이해하는 데도 도움이 되었다. 다음의 예시를 확인해보자.

현재 지향적인 사람:

- 즐거움, 흥분, 새로움 추구
- 즉각적인 만족에 초점
- 삶과 자연, 주변 사람들의 소중함 인식
- 유쾌하고 충동적이며 감각적
- 지루하거나 어렵거나 반복적인 것을 피함
- 시간 가는 줄 모르고 완전히 몰입
- 마약과 알코올을 사용할 가능성이 더 높음
- 자신을 돕는 것보다 남을 잘 도움

미래 지향적인 사람:

- 만족감을 뒤로 미룸
- 미래의 목표가 분명해서 강한 자기 규율로 나아감
- 자기 자신이나 가능한 미래에 대한 시나리오를 떠올리며 마음속에서 사는 경향이 있음

- 일을 특히 사랑함
- 운동, 투자, 질병 예방을 위한 건강검진에 신경 씀
- 스스로 돕는 것은 잘하지만 남을 돕는 것은 잘하지 못함
- 일에서 성공을 거둘 가능성이 높지만 현재 지향적인 초점이 필요한 인간관계를 희생하는 경우가 많음

시간관은 환경의 영향을 받는다. 불안정한 환경에서 성장한 사람일수록 미래를 상상하기가 어려워서 현재에 집중한다. 추운 기후 지역에서 자란 사람들은 겨울을 준비해야 하므로 미래에 집중한다.

시간관은 순식간에 바뀔 수 있다. 현재 지향적인 사람에게 커리어 목표와 그 목표를 달성하기 위한 단계를 적으라고 하면 초점이 미래로 바뀔 것이다. 미래 지향적인 사람에게 지금 이 순간 들리는 소리나 의자에 닿는 신체 부위에 관해 설명하라고 하면 그들의 초점은 현재로 바뀔 것이다.

가치관은 초점을 바꾼다. 사랑에 빠진다거나 예술 작품을 만들 때는 현재 지향적이 된다. 그리고 야망은 미래 지향적인 시간관으로 당신을 밀어붙인다.

두 가지 시간관은 모두 필요하다. 인생을 즐기려면 현재 지향적이어야 한다. 하지만 너무 현재에 집중하면 성취가 주는 더 깊은 행복이 막힌다. (나는 이것을 '얕은 행복' vs '깊은 행복'이라고 부른다.) 이 사실을 모든 사람이 알았으면 좋겠다. 외향적인 사람은 밖에 나가서 신나는 시간을 보내고 싶어 하고 내향적인 사람은 집에서 조용히 책을 읽고 싶어 한다는 걸 대다수가 잘 아는 것처럼 말이다.

이 개념은 내가 평소와 다른 행동을 하는 이유도 이해할 수 있도록 도와준다. 절제하지 못하고 다소 성급한 행동을 하는 이유는 더 이상 미래가 분명하게 보이지 않기 때문이다. 현재만 보이는 것이다. 그리고 만약 너무 단절된 행동을 할 때는 목표에만 집중하기 때문에 미래만 보이는 것이다. 이 시간관이 당신에게도 유용하기를 바란다.

Life Question ⑫

두 시간관 사이에서 적절한 균형을 잡으려면 어떻게 해야 할까?

sive.rs/time

13

작은 행동이 자기 인식을 바꾼다

Small actions change your self-identity

'가치 있는 일' 하면 우리는 보통 뭔가 거창한 일을 떠올린다.

하지만 성공한 사람들의 이야기를 들어보면

거대한 성공도 대개는 아주 작은 행동 하나로 시작한다.

- 자원봉사 요청을 받아들이는 것
- 유명 인사를 만난 것
- 어떤 책을 읽거나 수업을 들은 것

작은 행동 하나가 자신에 관한 생각을 바꾸기도 한다. 그

한 걸음을 내디디고 나면 스스로 용감한 기분이 들거나 그 분야에 약간 전문지식이 생긴 것처럼 느끼거나 성취감이 느껴지기 시작한다.

스스로 너그럽게 느껴지는 일을 하나만 해보라. 그러면 너그럽게 행동하기 시작하고 실제로 너그러운 사람이 된다.

리더가 된 기분을 느끼게 하는 일을 하나만 해보라. 그러면 리더처럼 행동하기 시작하고 실제로 리더가 된다.

세상은 당신이 자신을 대하는 대로 당신을 대한다. 행동은 당신이 어떤 사람인지를 세상에 보여준다.

자신을 다르게 생각해야만 다르게 행동할 수 있다. 그러니 자아 정체성을 바꿔줄 작은 행동 하나부터 시작하라.

Life Question 13
나를 변화시킨 작은 행동은 무엇이있는가?
나를 성장시킬 새로운 행동 습관은 어떤 것일까?

sive.rs/actid

HELL YEAH OR NO, WHAT'S WORTH DOING

위대한 것들을 위해
좋은 것들 거절하기

14

그럭저럭 좋은 것들에 빠져
위대한 것을 놓치지 마라

If you're not feeling "hell yeah!" then say no

대다수 사람은 그럭저럭한 것이 가득한 삶을 산다. 우리는 그다지 진심으로 끌리지 않을 때도 '예스'라고 말한다. 그러다 보니 너무 바빠서 정작 기회가 찾아왔을 때 반응할 수 없다. 그럭저럭한 것들로 바빠 위대한 것을 놓치고 있다.

해결책은 '예스'라고 말하는 횟수를 줄이는 것이다. 만약 "그건 당연히 예스지! 너무 끝내주는 기회야!"라고 느껴지지 않는 일에는 무조건 '노'라고 하라.

어렵지 않은 결정이다. 거의 모든 것에 '노'라고 하면 된다. 그러면 시간도 많아지고 머릿속도 맑아지기 시작한다.

그런 후에 당신이 실제로 큰 흥미를 느끼는 기회를 만나면 거기에 온전한 관심을 기울일 여유가 있을 것이다. 대부분 사람과 달리 크고 중요한 행동을 곧바로 실행에 옮길 수 있게 된다. 이미 어수선한 것들을 정리해두었기 때문이다. '노'라고 말할 줄 알면 당신의 '예스'가 더 강력해진다.

뭔가를 처음 시작하거나 어떤 기회를 얻고 싶거나 다양성이 필요할 때는 '예스'라고 말하는 것이 좋지만 압도당하거나 이미 너무 많은 일을 맡고 있거나 한 가지에 집중할 필요가 있을 때는 '예스'라고 말하는 것이 좋지 않다.

거의 모든 것을 거절하라.
거의 아무것도 하지 마라.
단, 뭔가를 하게 된다면 모든 것을 쏟아붓고 제대로 해라.

Life Question ⑭
삶을 단순화하기 위해 거부해야 할 것은 무엇인가?

sive.rs/hyn

15

거의 모든 것을 거절하라

Saying no to everything else

스티븐 프레스필드Steven Pressfield는 수년간 자신을 스스로 작가라고 불렀지만 책을 한 권도 내지 못했다. 결국, 책을 끝까지 쓰지 못하는 것에 대한 심리적 고통이 점점 쌓이고 쌓여서 더 이상 참을 수 없는 지경에 이르렀다. 마침내 그는 자기 자신이 '저항The Resistance'이라고 부르는 악마를 무찔러야겠다고 결심했다.

그는 탈출구가 없는 상황을 만들었다. 타자기를 들고 오두막으로 들어갔고 자신에게서 세상을 완전히 차단했다.
그는 이렇게 말했다.

저는 그해 아무와도 말을 하지 않았습니다. 사람들과 어울리지도 않고 그냥 글만 썼어요. 쓰고 싶은 이야기가 있었고 그 이야기를 끝내지 않으면 그냥 죽어야겠다 결심했습니다. 또다시 도망칠 순 없었어요. 또다시 주변 사람들을, 나 자신을 실망시키긴 싫었습니다. 죽기 살기로 하기로 했죠.

한 해 동안 마음을 괴롭히는 문제와 씨름하고 모든 유혹을 피한 결과 그는 해냈다. 드디어 첫 책을 완성했다. 첫 책은 성공을 거두지 못했지만 상관없었다. 그는 마침내 '저항'을 물리쳤기 때문이다. 그 후 그는 책을 계속 썼고 다수의 성공작을 내놓았다.

그는 『행동하라Do the Work』, 『예술 전쟁The War of Art』, 『터닝 프로Turning Pro』로 이루어진 창조적 투쟁에 관한 시리즈의 마지막 책에서 이 이야기를 들려준다. 세 권을 모두 읽어보길 바란다.

"완전 예스 아니면 노!"는 할 가치가 있는 일인지 결정할 때 사용할 수 있는 필터이다. 이것은 보기보다 간단하고 진지하다. 결정을 멈추기로 하는 결정이기 때문이다. 시작한 일을 끝낼 때까지 앞으로 집중력을 흐트러놓는 모든 일에 '노'라고 말하겠다는 결정이다. 단 하나에만 '예스'라고 하고 나머지에는 전부 '노'라고 말하는 것이다.

16

이제 나는 누구의 도구도 아니다

Art is useless, and so am I

예술은 정의상 아무런 쓸모가 없다. 만약 유용하다면 예술이 아니라 도구라고 불려야 한다.

나는 지난 20년 동안 '쓸모'에 집착했다. 일상에서 내 모든 결정을 좌우하는 단 하나의 기준은 이것이었다. "어떻게 하면 오늘 사람들에게 쓸모 있을 수 있을까?"

이 질문은 나에게 큰 도움이 되었지만, 커다란 단점이 있었다. 오직 나만을 위해 무언가를 즐기지 못하게 된 것이다. 내가 20년 전에 음악을 그만둔 것도 우연이 아니다. 내가 할 수 있는 가장 쓸모 있는 일이 아니었으니까.

몇 달 전부터 나는 그렇게 쓸모에 집착하는 삶을 그만두기로 했다. 나만의 시간이 필요했다. 하루에 몇 시간씩 모르는 사람들의 이메일에 답장 보내는 것을 그만두었다.

처음으로 외국어 공부를 진지하게 시작했다. 다른 사람들에게는 전혀 쓸모가 없겠지만 나는 그 일이 좋다. 예전부터 외국어를 배우고 싶었는데 한 번도 실행에 옮기지 못했던 이유가 뭔지 이제 알겠다. 나의 유익한 목표에서 우선순위가 낮았기 때문이었다.

20년 만에 음악 연주도 다시 시작했다. 이번에는 유명해지기 위해서가 아니다. 사람들이 듣든 말든 상관없다. 오직 나만을 위한 일이다. 음악을 연주하는 것 자체가 좋아서 한다.

20년 동안 정반대의 삶을 살아왔기 때문에 솔직히 이런 사고방식에 익숙해지기가 쉽지 않다. 하지만 남들이 나에게 어떤 가치를 매길지 걱정하지 않는 것은 우리가 누릴 수 있는 호사이기도 하다.

내 웹사이트의 모든 페이지 상단에는 내가 하는 일을 설명하는 문장이 있었다. 사이트를 처음 방문하는 사람들에게 "내가 어떤 도움을 줄 수 있을지"를 표현한 것이었다. 하지만 지난주에 삭제했다.

이제 나는 누구의 도구도 아니다.

17

맨 처음 떠오르는 대답을 믿지 마라

I'm a very slow thinker

친구가 흥미로운 이야기를 들려줄 때 나는 대개 시간이 한참 지난 후에야 반응한다.

누군가 심오한 질문을 하면 "흠. 모르겠네요"라고 한다.

다음 날에는 답이 떠오른다.

나에게 토론이나 공격을 시도하는 사람은 분명 실망할 것이다. 그 순간에는 나에겐 이렇다 대꾸할 말이 즉시 떠오르지 않기 때문이다. 기껏해야 "좋은 지적이네요" 정도로 말할 수준이다. 하지만 며칠 동안 많은 생각을 하고 나면 대답할 거리가 생긴다.

그래서 아마 당장은 내가 바보처럼 보일 것이다. 상관없다. 나는 토론에서 이기려는 것이 아니니까.

비밀을 하나 말해주겠다.

나는 인터뷰 요청을 받으면 일주일 전에 미리 질문지를 보내달라고 요청한다. 그리고 몇 시간이나 들여 여러 다른 관점에서 답을 적고 그중에서 가장 흥미로운 것을 선택한다. 실제로 인터뷰가 시작되면 즉석에서 떠오르는 것처럼 자연스럽게 들리도록 답한다.

흔히 가장 먼저 떠오르는 답이 가장 솔직한 것이라고들 하지만 나는 동의하지 않는다. 첫 번째 대답은 대개 최선이 아니다. 오래전에 생각해냈고 지금도 별 고민 없이 내뱉는 대답이거나 과거의 감정에 따른 자동적인 반응일 확률이 높다. 좀 더 신중하게 답하려고 뜸을 들이면 다른 사람을 조금 불편하게 만들 수도 있지만, 상관없다.

누군가의 질문에 꼭 곧바로 대답할 필요는 없다. "모르겠어요"라고 말한 뒤 시간을 갖고 생각해본 뒤 천천히 답해도 된다. 물론 모든 일이 우리의 생각처럼 되지는 않는다. 누군가는 즉석에서 답변을 기대할 것이다. 하지만 "생각해봐야 겠네요"라고 말해도 충분하다.

그리고 먼저 그렇게 해본다면 그들도 똑같이 해도 괜찮다는 것을 보여줄 수 있다.

Life Question ⑰
성급한 반응을 피하고 천천히 생각하는 나만의 방식이 있다면?

_____ sive.rs/slow

18

스트레스를 확실히 줄여주는
작은 변화

Tilting my mirror (motivation is delicate)

우리의 동기는 약하다.

동기가 약해지는 것이 느껴지면 그 미묘한 원인을 찾아야 한다. 아주 간단한 수정만으로 목표를 성취하느냐 성취하지 못하느냐의 차이가 생긴다.

내가 사는 도시에서 한 시간 정도 떨어진 곳에 작은 산맥이 있다. 그 반대쪽은 정말 아름답다. 하지만 산을 건너는 길들이 얼마나 구불구불한지 몇 초에 한 번씩 급커브를 돌아야 한다. 처음 두 번 그 길을 지날 때 아이가 뒷자리에서 심한 멀미로 토했을 정도다. 아름다운 산의 풍경에 둘러싸여 있는데도 구불구불한 도로에서 한시도 눈을 뗄 수 없으니 나 역시 스트레스가 심했다. 보통의 속도로 운전하는데도 다른 차들이 뒤에서 바짝 따라왔다. 그들은 대부분 매일 이 길을 지나는 사람들이기 때문이다.

산을 넘는 데는 고작 30분밖에 걸리지 않지만, 그 산길이 끝나면 항상 진이 다 빠진다. 그 스트레스가 내 동기부여에도 영향을 미처 다시는 그곳을 방문하고 싶지 않을 정도였다.

그러던 어느 날, 나는 이 문제에 새롭게 접근했다. 나는 굉장히 천천히 운전하고, 급커브를 돌아도 아이가 멀미를 하지 않을 정도로 속도를 늦췄다. 이렇게 천천히 운전하니, 나는 짧은 시간이나마 눈을 돌려 주변의 경치를 즐길 수 있는 여유가 생겼다. 나를 감싸던 스트레스는 거의 사라졌다. 딱 한 가지만 빼고.

바로 뒤에 바짝 따라붙는 차들이었다. 그럴 때마다 거울에 뒤차가 보일 때마다, 나는 원래의 목표를 버리고 다른 사람들처럼 더 빨리 운전하고 싶다는 충동을 느꼈다. 그들이 왜 그렇게 서두르는지 이해할 수 없었다. 아마도 나는 다른 사람들을 너무 많이 신경 쓰는 것 같았다. 그러나 그렇게 했다면, 나의 원래 문제로 되돌아갈 수 있었다.

그래서 한 가지 '간단한' 조정을 했다.
뒤차가 보이지 않게 룸미러를 위로 올린 것이다.
그 작은 변화가 모든 것을 바꿨다!

이제는 이 멋진 산길에 나 혼자 있는 것처럼 느껴진다. 다른 사람의 속도에 영향이나 스트레스를 받지 않고 나만의 속도로 간다. 몇 분마다 추월 차선이 나오면 다른 차들이 내 옆을 쌩하고 지나간다. 하지만 30분 동안 그들은 나를 골치 아프게 하지 않는다. 산을 다 건너면 거울을 원래 위치로 돌려놓는다.
이제 전혀 스트레스를 받지 않고 그곳을 방문한다.

이 이야기는 일종의 은유로도 들릴 것을 안다.
• 소셜 미디어 댓글
• 주의를 흐트러뜨리는 산만한 환경
• 가족을 실망하게 하는 것
• 이메일 편지함

아무리 강한 사람이라도 동기부여가 천하무적일 수는 없다. 무언가가 당신의 추진력에 영향을 미치고 있다는 것을 발견한다면 환경에 살짝 변화를 주는 방법을 찾아야 한다. 비록 다른 사람들을 조금 불편하게 할 수 있더라도 말이다.

Life Question ⑱

조금만 변화를 주더라도 삶을 크게 바꿀 한 가지가 있다면?

_____ sive.rs/tilt

19

좋아하는 것 포기하기:
인생에 새로운 일이 생기려면

Quitting something you love

개인적인 변화가 일어나기 위해서는 공간이 필요하다. 인생에 새로운 일이 생기려면 그것이 들어갈 자리가 있어야 한다. 현재의 습관이 하루를 꽉꽉 채우고 있는데 새로운 습관이 들어갈 자리가 있겠는가?

'그만두다'라는 뜻의 영어 단어 'quit'는 '자유롭게 하다' 또는 '방출하다'를 의미하는 오래된 프랑스어에서 왔다.

자신이 싫어하거나 좋지 않다고 여기는 일을 그만두는 것은 일반적이고 흔히 일어난다. 하지만 좋아하는 일을 포기하는 것은 그렇지 않다.

나는 중독처럼 느껴지는 일에 저항한다. '나는 이게 필요해'라는 생각이 들게 하는 것에는 그 의존성에 도전해 나의 독립성을 증명하고 싶어진다.

보통은 아주 작은 일이다. 예를 들어, 나는 항상 차 안에 민트 사탕을 놓아두었다. 어느 날 사탕이 떨어져서 속으로 '안 돼! 더 필요해!'라고 외치는 나를 발견했다. 하지만 그 필요성을 느꼈다는 것은 인제 그만둘 때라는 뜻이었다. 그날 이후로 내 차에는 민트 사탕이 없다.

때로는 큰일일 때도 있다. 예전에 나에게는 정말 멋지고 나와 완벽하게 맞는 직업이 있었다. 그 일이 너무 좋았고 굉장히 편안했다. 그래서 그 일을 그만두고 전업 음악가로 먹고사는 방법을 찾았다.

10년 전, 나는 미국에 중독되었다고 느꼈다. 미국은 나에게 안전지대였다. 너무 좋았다. 미국이 아닌 다른 나라에 산다는 것은 상상조차 할 수 없었다. 그래서 나는 스스로 그만두었다. 미국을 떠난 지 10년이나 되었고 아마도 다시 그곳에 살 일은 없을 것이다.

미국이 그립지 않으냐는 질문을 자주 받는다.

후회는 없는지.

전혀 없다.

나는 그만둔 모든 것을 여전히 사랑한다.

하지만 새로운 변화가 들어올 공간이 있는 게 더 좋다.

20

게임에 참여하기 전에 결말을 생각해 볼 것

How will this game end?

내가 100달러짜리 지폐를 경매에 부친다고 상상해보자. 입찰가는 1달러부터 시작한다. 보통과 똑같은 경매 규칙이 적용되지만 한 가지 다른 점이 있다. 두 번째로 높은 가격을 부른 사람은 100달러 지폐를 받지 못할 뿐만 아니라 자신이 제시한 입찰가를 내야 한다는 것.

1달러, 2달러, 3달러 입찰이 들어온다. 뭐, 안 될 건 없다. 누군가 단돈 3달러에 100달러를 얻을 수도 있다! 하지만 입찰은 계속된다. 가격이 99달러까지 올라가면 98달러를 제시한 사람은 '이런. 저 사람은 물러날 기미가 없겠어'라고 생각할 것이다. 두 번째로 높은 입찰가가 되면 모든 것을 잃기 때문에 그들은 입찰가를 100달러로 올린다.

그런데 99달러를 제시한 사람이 101달러로 입찰가를 올렸다. 99달러보다 1달러만 잃는 게 낫지 않은가? 사람들이 100달러 지폐를 사기 위해 100달러가 훨씬 넘는 돈을 제시하기 시작한다. 다른 사람이 먼저 포기하기를 바라면서.

하지만 진짜 문제는 미리 충분히 생각하지 않는 것이다. 게임이 시작되면 "와, 좋은 거래다!"라고 단기적으로 생각하기 쉽다. 그리고 이미 너무 늦었을 때 서서히 깨달음이 찾아온다. "맙소사. 내가 무슨 짓을 한 거지?"

많은 사람이 이런 식으로 나쁜 상황에 빠진다. 예산을 초과하는 가격의 집을 사고 이미 연인이 있는 사람과 사랑에 빠진다. 그리고 나중에 빚더미에서 허덕이고 연인이 바람을 피웠다고 불평한다.

무엇인가를 시작하기 전에 가능한 결말에 대해 생각해 봐야 한다. 게임 자체를 거절하는 것이 현명한 선택일 때도 있다.

Life Question ⑳
현재의 선택이 장기적으로 어떤 결과를 가져올까?

sive.rs/game

21

외롭지만 바쁜 왕자의 삶

Solitary socialite

지난 10년 동안, 나는 하루에 많게는 200통의 이메일에 답장을 보냈다. 몇 시간 동안 작은 사무실에 혼자 앉아 한 명의 이야기와 질문에 몇 분씩 시간을 들였다.

친구들이 나와 함께 놀고 싶어 하면 나만을 위한 시간이 먼저 필요하다고 말한다. 그러면 친구들은 어리둥절해한다. 어차피 온종일 혼자 있지 않았냐면서. 그러면 나는 그 시간 동안 사실은 수많은 이들과 온라인으로 연결되어 있었고, 그것이 나에게는 사교 활동이나 다름없는 활동이라고 설명한다.

물론, 나는 내가 하는 일이 좋다. 불평이 아니라 내 삶이 이렇다고 설명하는 것뿐이다. 실제로는 혼자 있으면서 대단히 사교적으로 활동하는 것은 대단히 드문 일이기는 하다. 외로운 왕자Solitary socialite 같다고나 할까.

처음에 나는 이것이 인터넷의 등장으로 생긴 새로운 현상이라고 생각했다. 하지만 종일 전화로 이야기 나누는 직업은 이미 수십 년 전부터 있었다. 그전에는 종일 우편물에 회신하는 직업을 가진 사람들이 있었고.

나에게는 이게 잘 맞는다. 나는 사람들과 일대일로 소통하는 것이 좋다. 이메일에 답장하지 않을 때는 지구 반대편 친구들과 전화로 이야기 나누고, 그렇게 하면 유익한 대화가 몇 시간 동안 계속된다.

하지만 외로운 왕자라니, 이상한 삶인 것은 틀림없다.

Life Question ㉑
혼자서 일하면서도 사교적인 삶은 가능할까?

sive.rs/soso

22

나쁜 마음 상태에서 벗어나는 방법

Getting out of a bad state of mind

가장 최근에 마음 상태가 정말 좋지 않았을 때 거기서 벗어나기 위해 이 다섯 단계를 사용했다. 비슷한 상황에 있는 친구들에게 알려주었는데 다들 도움이 됐다고 말했다. 당신에게도 효과가 있기를 바란다.

1. 바로 이 순간에 뭐가 문제인지 자문해본다

나는 육체적으로 고통과 위험에 처해 있는가? 아니다. 정신적인 고통이 있지만 내 상상이나 기억에 의한 것일 뿐이다. 그 어느 것도 진짜가 아니다.

내가 자신에게 가하는 정신적인 고문을 그만둔다면 정말로 실재하는 것은 지금의 물리적인 순간뿐이다. 지금 이 순간이 그렇게나 나쁜가? 아니다. 완벽하진 않지만 죽고 싶을 정도는 아니다. 주위를 둘러보면서 내가 지옥에 있지 않다는 것에 감사한다. 푸르른 나무도 있고 맛있는 음식도 있고 좋은 사람들도 있다. 나는 좋은 곳에 있다.

물론 정신적 고통은 여전하지만, 이 질문은 고통이 모두 내 머릿속에 있다는 것을 인지하게 한다.

2. 지금 관찰하고 나중에 행동하라

내 기분에 먹구름이 잔뜩 끼어 있으면 결정과 행동 역시 흐릿할 수밖에 없다. 그래서 나는 무엇이든지 행동으로 옮기기 전에 며칠을 기다린다. 천둥을 동반한 폭우가 지나가듯 감정이 지나가는 것을 지켜본다. 오래 기다릴수록 더 똑똑해질 수 있다.

3. 기준을 높여라. 위대하지 않은 것은 거부하라

내 기분이 좋지 않을 때, 나를 활기차게 해주지 않는 사람들은 피한다. 그런 순간에는 그들을 내 삶에 1분도 받아들이

지 않는다. 구구절절 설명할 필요도 없다. 타협도 없다. 편의
도 봐주지 않는다.

내 목표에 도움되지 않는 일들. 내 건강에 좋지 않은 먹기
리나 마실 거리. 시간 보내기에는 그럭저럭 괜찮지만 내가
사랑하고 즐기지 않는 사람들과의 관계. 나는 이 모든 것을
거부한다. 나를 만족시키지 못하니까.

기준을 높이면 자기 가치감이 높아질 뿐만 아니라 자유
시간도 많이 생긴다. 빈 시간이 많으면 맑은 정신으로 또렷
하게 생각할 수 있다. 정보를 처리하고 되새길 시간이 더 많
아지기 때문이다.

빈 시간에는 위대한 것들로 채워질 수 있는 잠재력이 담
겨 있다. 작은 것들로만 채워지는 시간은 잠재력 역시 작다.

4. 목표에 집중하라

3번에서 생긴 공간은 내가 어떤 인생을 살아가고 싶은지
되새기게 해준다. 창조하는 것이든 배우는 것이든 발전하는
것이든 뭐든 할 수 있다. 10년 단위로 인생 목표를 세우는 것
과 비슷하다. 잡동사니를 치우면 저 멀리 지평선이 보인다.

"그래, 바로 이거지! 이게 내가 갈 길이야. 잊고 있었는데 이제 보이네! 가보자고!"

초점이 있으면 '노'라고 말하기도 쉬워진다. 가는 길이 분명하게 보이므로 그 길을 가로막는 것은 그 무엇도 허락하지 않을 테니까.

5. 해야 할 일을 해라

나는 속상한 일이 생기면 그저 그 기분을 곱씹고 싶을 뿐 아무것도 하기가 싫어진다.

하지만 그런 느낌이 강하게 들어도 이를 닦고 건강한 식사를 준비하고 아이를 데리고 나가서 놀고 설거지하고 청구서를 처리하고 비타민을 챙겨 먹고 청소도 하고 일찍 잠자리에 든다.

이 일들은 지극히 평범하지만 상황을 훤히 파악하고 통제권을 쥐도록 해준다. 일상의 책임 과제를 처리하고 나면 마음이 덜 산만해진다.

"지금 문제가 뭐지?"라고 물었을 때 깨끗하게 청소된 집안과 처리가 끝난 청구서, 행복한 표정의 아이를 보면 이렇게 답할 수 있다. "아무 문제도 없어!"

하기 싫어도 해야 할 일을 다 해놓으면 평화가 찾아온다. 일상생활에서 필요한 일들을 처리하며 무의식 속에서는 계속 생각과 정보 처리가 이루어지고 있다.

배고프지 않아도 먹어야 한다는 사실을 되새기는 것은 아주 좋은 일이다. 마음속은 엉망진창으로 어지럽혀져 있어도 집 안을 청소해야 한다. 그리고 무슨 일이 있어도 잠은 자야 한다!

위의 1번과 마찬가지로 이 단계는 정신적 괴로움과 물리적 현실을 분리한다. 이 단계는 진짜 현실에 집중할 수 있게 해준다.

Life Question ㉒
기분이 매우 좋지 않을 때 마음 상태를 회복하는 나만의 방법은 무엇인가?

_____ sive.rs/bad

HELL YEAH OR NO, WHAT'S WORTH DOING

인생의 진로를 바꾸는
스마트한 생각법

23

인생의 속도 제한을 푸는 법

There's no speed limit

당신이 학생이든, 선생님이든, 부모님이든, 몇 번의 수업만으로 누군가의 삶을 완전히 그리고 영원히 바꿔준 한 선생님의 이야기가 도움이 될 것이다.

나는 열일곱 살이었고 버클리 음대에서 1학년을 시작하려던 참이었다.

나는 음악 조판에 관해 궁금한 것이 있어서 지역의 한 녹음실에 전화를 걸었다.

내가 버클리에 간다는 말을 들은 스튜디오 오너가 말했다. "나도 버클리를 졸업하고 그곳에서 학생들을 가르치기

도 했지. 네가 2년 동안 배워야 할 이론과 편곡을 수업 몇 번
으로 너한테 가르쳐 줄 수 있어. 속도 제한이 없다는 것만 이
해한다면 2년 안에 졸업할 수 있을 거야. 관심 있으면 내일
첫 번째 수업을 해줄 테니 아침 9시까지 내 스튜디오로 오거
라. 공짜야."

대학을 2년 만에 졸업한다고? 좋지! 나는 그의 스타일이
마음에 좋았다. 그 사람이 키모 윌리엄스Kimo Williams였다.

다음날 잔뜩 들뜬 채로 아침 8시 40분에 그의 스튜디오에
도착했다. 물론 밖에서 기다렸다가 8시 59분에 초인종을 눌
렀다.

그가 문을 열었다. 하와이안 셔츠에 커다란 중절모 차림
이고 코에 사각형 흉터가 있는 키 큰 남자였다. 느긋함이 배
어 나오는 태도로 환한 미소로 내 위아래를 훑어보더니 고
개를 끄덕였다. (최근에 나는 그가 자신의 관점에서 이 이야기를 하
는 것을 들었다. 그는 당시 일을 이렇게 설명했다. "어느 날 아침 8시
59분에 초인종이 울렸는데 처음에는 영문을 몰랐다. 난 위대한 음악가
가 되고 싶다는 아이들을 평생 지겹도록 봤지. 그 아이들에게 내가 도
와주겠다고, 정말 진심이라면 아침 9시에 내 스튜디오로 오라고 말한
다. 하지만 정말로 오는 사람은 한 명도 없다. 이게 내가 정말로 음악에

진심인지 아닌지를 골라내는 방법이다. 그런데 데릭은 진짜로 왔다. 만반의 준비를 다 갖추고서.")

나는 잠깐 환영을 받은 후 그와 함께 피아노에 앉아 스탠더드 재즈곡 악보를 분석했다. 그는 전음계_{全音階}에 기초한 화음을 빠르게 설명했다. 플랫7의 5번째 화음에서 3온음의 불협화음이 1(도)로 돌아가게 만드는 것이라고…. 1분도 지나지 않아 그는 나에게 질문을 던지기 시작했다. "만약에 플랫7의 5번째 화음에 그 세 개 음이 있다면 또 다른 플랫7 화음에도 있는데 과연 무엇일까?"

"음… 플랫2 화음?"

"맞아! 그건 대체 화음이다. 그 어떤 플랫7 화음도 똑같은 3온음을 공유하는 다른 플랫7로 대체할 수 있어. 이 표에서 가능한 모든 화음을 다시 짜봐라. 얼른."

수업의 속도가 엄청나게 빨랐지만 좋았다. 누군가가 나에게 감당하기 어려운 도전과제를 주고 빠르게 해결해보라고 요구했다. 너무도 빨리 배우고 있어서 마치 비디오 게임을 할 때처럼 아드레날린이 솟구치는 느낌이었다. 그는 모든 지식을 나에게 던지듯 전수했고 나는 제대로 이해했다는 것을 증명해야 했다.

그날 아침의 세 시간 수업에서 그는 버클리의 화음 수업에서 한 학기 동안 배워야 하는 것을 가르쳐 주었다. 그다음 네 번의 수업에서는 화음과 편곡 수업에서 알아야 할 네 학기 분량을 배웠다.

마침내 대학에 가서 입학시험을 보았고 여섯 학기의 필수 과목에 관한 내용을 테스트했다.

그 후에는 키모의 제안대로 다른 필수 수업 교재를 사서 혼자 공부하고 숙제를 했다. 그다음에는 학과장을 찾아가 기말고사를 치렀고 모든 과목의 학점을 받았다.

전체 과정을 수료하는 것 외에도 이렇게 한 덕분에 나는 2년 반 만에 대학을 졸업할 수 있었다. 스무 살 때 학사 학위를 받았다.

키모의 높은 기대가 나에게 새로운 속도를 만들어 주었다. 그는 "표준 속도는 바보들을 위한 것"이라는 사실을 가르쳐주었다. 시스템의 속도는 누구나 따라갈 수 있도록 설계되어 있다. 만약 당신이 대다수 사람보다 더 추진력이 있다면 그 누구의 기대도 추월할 수 있다. 그리고 이 원칙은 학교 공부뿐만 아니라 인생의 모든 영역에도 적용된다.

나는 키모를 만나기 전에는 그저 음악가가 되고 싶은 어린애였고 가볍게 노력할 뿐이었다. 하지만 다섯 번의 수업 이후로 속도 제한이 사라졌다! 내 인생에서 일어난 모든 위대한 일은 키모의 높은 기대 덕분이었다. 우연한 만남과 다섯 번의 음악 수업은 내가 보통 수준을 훨씬 뛰어넘는 수준으로 잘할 수 있다는 것을 알려주었다.

20년 후 나는 버클리의 초대로 신입생들을 위한 기조연설을 하게 되었다. 영상은 sive.rs/berklee에서 볼 수 있다. 그가 나에게 얼마나 소중한 은인인지 키모도 잘 안다. 우리는 지금까지도 가깝게 지내고 있다.

Life Question ㉓
나를 가장 성장하게 했던 시간, 깨달음 또는 스승이 있는가? 그 계기는 무엇이있는가?

_____ sive.rs/kimo

24

여유를 가져도 96%는 비슷하다

Relax for the same result

몇 년 전에 나는 캘리포니아주 산타모니카의 바닷가 바로 옆에 살았다,

그곳에는 바다를 따라 12킬로미터, 왕복 24킬로미터에 이르는 멋진 자전거 도로가 있다. 평일 오후에는 거의 비어 있어서 전속력으로 달리기에 안성맞춤이다. 그래서 일주일에 몇 번은 자전거를 타고 왕복 15마일 길을 최대한 빨리 달렸다. 정말이지 얼굴이 붉어지도록 온 힘을 다해 전력 질주를 했다.

기진맥진해서 시간을 확인해보면 43분이 지나 있었다.

항상 43분이었다.

바람이 심하게 부는 날에는 1분 정도 초과하기도 했지만 기본적으로는 항상 43분이었다.

몇 달 후 자전거 타기에 대한 열정이 점점 식고 있다는 것을 알아차렸다. 아무래도 그렇게 자전거를 타면 온몸의 힘이 다 빠진 기진맥진 상태가 연상되어 그런 것 같다.

그래서 어느 날에는 같은 길에서 자전거를 타되 그냥 여유롭게 즐기기로 했다. 서두르지 않고 천천히 가기로. 엄청나게 느리지는 않지만 평소 50퍼센트 정도 수준으로 강도를 내렸다.

와, 얼마나 기분이 좋던지.

나는 긴장을 풀고 미소를 지으며 주변 경치를 감상하며 달렸다. 거의 아무런 노력도 들이지 않았다.

바다에서 두 마리의 돌고래를 보았다. 마리나 델 레이에서 펠리컨 한 마리가 바로 오른쪽에서 날아갔다. 감탄사를 내뱉으려고 고개를 드는 순간 펠리컨이 내 입에 똥을 쌌다. 뱃속에서 소화된 조개류의 맛이 지금까지 입에서 느껴진다. 그 새로운 경험에 웃음을 터뜨릴 수밖에 없었다.

평소 나는 추진력이 엄청나게 강해서 항상 모든 것을 치열한 강도로 한다. 하지만 한 번쯤은 여유롭게 해보니 그것도 괜찮았다. 조금도 지치지 않아서 영원히 할 수 있을 것만 같았다.

다 끝났을 때 시간을 확인해보았다.
45분이었다.
아니, 뭐라고!? 이게 어떻게 가능하지? 도저히 믿기지 않아서 다시 한번 확인했다. 평소엔 43분이었는데 이번에는 45분이었다.
한마디로 얼굴이 붉어지도록 온 힘을 다해 전력 질주를 해도 기록이 4퍼센트밖에 올라가지 않았다. 완전히 여유롭게 해도 96퍼센트를 얻을 수 있었다.

그런데 경험은 천지 차이였다! 똑같은 거리를 거의 똑같은 시간 안에 달리는데 어떤 방법은 나를 완전히 기진맥진하게 했고 또 다른 방법은 에너지를 다시 채워주는 느낌이었다.

나는 그 일에 대해 자주 생각한다. 스트레스를 받고 있다는 것을 알아차릴 때나 완전히 지칠 정도로 자신을 몰아붙일 때마다 그 자전거 타기 경험을 떠올리며 노력의 강도를 50퍼센트로 낮춘다. 그러면 놀랍게도 절반밖에 애쓰지 않는 것 같은 데도 사력을 다할 때와 똑같이 잘하고 빨리할 수 있나.

노력의 절반은 진짜 노력이 아니라 최선을 다했다는 느낌이 들게 하는 불필요한 스트레스였음을 깨닫는다.

Life Question ㉔
그저 최선을 다했다는 느낌을 위해 불필요한 스트레스를 감내했던 적이 있는가?

sive.rs/relax

25

연결 끊기

Disconnect

내 인생에서 최고로 좋고 행복하고 창의적이고 생산적이었던 순간들에는 공통점이 하나 있다.

바로 단절이다.
인터넷도 TV도 없고 전화도 없고 사람도 없다.
아무런 방해도 받지 않는 기나긴 고독뿐.

22세 때 직장을 그만두고 오리건주 바닷가의 외딴집에서 5개월 동안 혼자 지냈다. 연습, 작곡, 녹음, 운동, 공부를 하면서 시간을 보냈다. 인터넷도 TV도 없고 전화도 없고 사람도 없었다. 한 달에 한 번씩 차를 끌고 시내로 나가 가족과 친구들을 만났다. 나머지 시간 동안에는 완전히 단절된 상태로 지냈다.

그 5개월 농안, 나는 50곡 이상을 작곡하고 녹음했고 음악가로서의 실력도 크게 발전시켰고 20권의 책을 읽었고 최상의 몸 상태를 만들었다.

27세 때는 우드스톡의 숲으로 이사해 똑같이 했다. 수개월 동안 멋진 고독을 즐겼다. 그렇게 CD 베이비CD Baby도 시작하게 되었다.

내가 사람을 싫어하는 것은 아니다. 내 인생의 또 다른 최고의 순간들은 다른 사람들과 함께였다. 하지만 북적거리는 세상을 뒤로 하고 방에서 나 홀로 예술적 몰입에 빠져든 순간은 나에게 너무 멋진 일들을 가져다주었다. 업데이트도 뉴스도 알림 소리도 채팅도 인터넷 서핑도 없는 그런 상태.

침묵은 생각을 위한 훌륭한 캔버스다. 침묵은 모든 입력을 출력으로 바꿔준다. 방해물이 없는 가운데 우리는 몰입 상태로 들어간다.

모든 기업은 그들이 보내는 끝없는 업데이트와 알람, 채팅, 메시지와 뉴스에 당신이 중독되기를 원한다. 하지만 창조하는 삶을 살아가고 싶은 사람들에게 그것은 걸림돌이다.

사람들은 나에게 성공하려면 뭘 어떻게 해야 하는지 묻는다. 나는 연결을 끊으라고 답해준다. 단 몇 시간이라도 좋다. 플러그를 뽑고 핸드폰과 와이파이를 꺼라. 집중하라. 글을 쓰고 연습하고 만들어라. 요즘 시대에는 더더욱 보기 드물고 가치 있는 일이다.

다른 사람들과 똑같이 모든 것을 다 소비하면 결코 경쟁에서 앞서갈 수 없다. 요즘은 무언가에 집중한다는 것이 보기 드문 일인 만큼 더 큰 보상을 가져다준다.

Life Question ㉕
창의성과 생산성을 최대치로 올려주는 고독의 시간이 있는가?

sive.rs/dc

26

예상 밖의 장소와 엉키지 않은 목표

Unlikely places and untangled goals

언젠가 10일 동안 음식을 먹지 않았는데 괜찮았다. 하지만 나에게 오랫동안 없으면 절대로 안 되는 것 두 가지는 고독과 침묵이다. 즉, 사람들과 그들이 내는 소음으로부터의 자유.

가족 일곱 명과 아일랜드에서 휴가를 보냈다. 모두 밴에 타고 시골 지역을 구경했다. 가족들이 집으로 돌아가고 일주일 후에 나는 더블린에서 열리는 회의에 참석해야 했다. 그 두 사건 사이에 나는 고독과 침묵이 간절히 필요했다.

한 아일랜드 친구가 침묵 수행으로 잘 알려진 멜러레이 산 수도원에서 지내라고 제안했다. 그곳은 시토회 트라피스 트 수도사들의 집이며, 원하는 이들에게 무료로 방을 제공 한다. 나에게는 완벽한 기회인 것 같아서 이메일로 문의했 다. 수도원에서 허락받고 침묵의 일주일을 보낼 준비를 했 다. 가족들을 공항에 데려다주고 수도원으로 향했다.

수도사가 문 앞에서 나를 맞이하고 내 방으로 안내해주 었는데 그가 말을 해서 놀랐다. 조용히 손짓만 해야 하는 줄 알았는데. 그는 하루에 두 번 홀에서 식사가 제공될 것이라 고 말했다.

저녁 식사 시간에 나는 또다시 무언의 몸짓을 이용한 소 통을 기대하면서 식당으로 향했다. 하지만 그곳에는 전 세 계에서 온 30명의 손님으로 가득했고 다들 재잘재잘 수다를 떨고 있었다. 나는 혼자 앉으려고 했지만 불가능했다.

목소리 큰 미국인이 나를 붙잡고 깊이 없는 질문을 마구 던졌다. 나는 애매모호하게 단답형으로 대답했지만 그를 조 용히 시키기에는 역부족이었다. 되도록 빨리 식사를 끝내고 방으로 돌아갔다. 앞으로 6일 동안 저 수다를 어떻게 피할 것인지 궁리했다.

다음 날 아침에 되도록 일찍 식사를 하려 했지만 늦고 말 았다. 시끄러운 미국인이 이번에는 내 종교적 신념에 관한 질문을 던졌고 다른 사람들에게 나를 소개하기 시작했다. 그들이 거기에 온 이유는 나와 전혀 다른 데에 있는 듯했다. 나는 방으로 돌아가서 짐을 싸고 수도사들에게 감사 편지를 남기고 그곳을 떠났다.

무작정 차를 몰았다. 차라리 호텔에서 침묵을 얻는 것이 더 수월하겠다는 생각에 킬케니에 있는 라이래스 에스테이트 Lyrath Estate 호텔로 향했다. 비수기라 반값이었고 넓은데다 대부분 비어 있었다. 나는 침묵의 6일 동안 호텔의 모든 거실과 발코니로 옮겨 다니면서 글을 썼고 저녁을 주문할 때만 딱 한 마디 했다. 내가 원하는 시간이었다.
예상 밖의 장소에서 원하는 것을 얻을 수 있다는 사실에 대해 생각하는 기회였다.

어떤 사람들은 명상을 하기 위해 태국에 가거나, 요가를 배우기 위해 인도로 가야만 한다고 생각한다. 하지만 이것들은 집에서도 무료로 할 수 있는 것들이다.

또 어떤 사람들은 외국어를 배우려면 그 나라로 여행을 가야 한다고 생각한다. 하지만 모지스 맥코믹Moses McCormick(공공장소에서 만난 원어민과 여러 언어로 대화하고 그 영상을 유튜브 채널에 업로드한 언어 분야 인플루언서—편집자)은 미국 오하이오주에서 12개가 넘는 언어를 배웠고 베니 루이스Benny Lewis는 브라질에서 아랍어를 배웠다.

어떤 사람들은 훌륭한 교육을 받으려면 반드시 많은 돈을 들여서 대학에 가야 한다고 생각한다. 하지만 최고의 학교는 모든 과정을 온라인으로 무료 제공한다.

그리고 이 아이디어는 장소에만 적용되는 것이 아니다. 어떤 사람들은 새로운 취미를 시작하려면 비싼 장비가 필요하고 어떤 역할에 걸맞아 보이려면 특별한 옷이 필요하다고 생각한다. 모든 것이 딱 맞아떨어지려면 그래야 한다고. 하지만 진정으로 지략이 풍부한 사람들은 그렇지 않다는 것을 안다.

기존의 오래된 고정관념과 진짜 목표를 분리하는 것은 매우 중요하다. 우리에게는 오래된 꿈이 있다. 다시 만들고 싶은 이미지가 있다. 그것들은 우리가 정말 원하는 결과에서 끊어내기가 힘들다. 결국 미루는 이유이자 핑곗거리가 된다.

Life Question ㉖
고정관념과 진짜 목표를 어떻게 구분할 수 있는가?

sive.rs/unun

27

극도로 의욕이 없을 때

When you're extremely unmotivated

다른 사람들처럼 나도 동기부여가 전혀 되지 않고 아무것도 하기 싫을 때가 있다.

머리가 멍하고 온몸에 기운이 하나도 없다. "귀찮게 뭐 하러? 다 무슨 소용이야"라는 생각이 든다.

그럴 때 어떻게 해야 하는지 마침내 알아냈다.

모두가 그렇듯 나에게도 몇 년 동안 미뤄온 지루한 집안일 목록이 있다. 더 재미있는 일이 있으므로 평소라면 그 일들은 절대로 하지 않는다. 의욕이 없던 지난날을 돌아보니, 아무것도 나를 흥분시키지 못했던 시절에는 지루하게만 느껴졌던 필수 업무조차도 나에게 약간의 흥분을 준다는 걸 깨달았다.

의욕이 샘솟을 때는 전혀 성에 차지 않던 그런 일들에 시간을 낭비하고 싶지 않지 않으니, 지금이야말로 지루한 일들을 처리할 완벽한 타이밍이었다. 그래서 지루하지만 꼭 필요한 일들 목록을 만들었다. 투덜투덜 불평하면서도 카페인의 힘을 빌려 모두 처리했다. 다 하고 나니 기분이 꽤 좋았다.

보통 중요하고 어려운 일부터 먼저 하라고들 한다. 하지만 지루한 일들을 먼저 처리하면 아무것도 하지 않는 상태에서 무언가를 하는 상태로 나아갈 수 있다. 뭔가 중요한 일을 하고 있다는 기분이 든다.

그러니 극도로 의욕이 없을 때는 평소 절대 하고 싶지 않은 일들을 해라.

Life Question ㉗
의욕이 없을 때 자신을 동기부여하는 방법은 무엇이며, 그것은 삶에 어떤 변화를 가져왔는가?
_____ sive.rs/unmo

28

은메달리스트가 아니라
동메달리스트처럼 생각하라

Think like a bronze medalist, not silver

올림픽에서 세 명의 우승자가 포디엄에 선 모습을 떠올려보자. 금메달리스트, 은메달리스트, 동메달리스트.

은메달리스트의 기분이 어떨지 상상해보자. 1초만 더 빨랐다면 금메달을 딸 수 있었는데! 젠장! 아깝다! 젠장, 젠장, 젠장! 시기 질투에 휩싸여 끊임없이 자신과 금메달리스트를 비교할 것이다.

이제 동메달리스트의 입장을 상상해보자. 1초만 느렸어도 메달을 따지 못했을 것이다! 아주 좋은데! 공식적으로 올림픽 메달리스트로 포디엄에 섰다는 사실이 정말 좋다.

위를 향한 비교와 아래를 향한 비교는 이렇게 다르다. 당신의 행복은 당신의 시선이 어디로 향하는지에 달려 있다. 이 비유는 이해하기는 쉬워도 일상생활 속에서 기억하고 적용하기는 어렵다. 부러움이나 분노로 불타는 자신을 발견한다면 은메달리스트가 아니라 동메달리스트처럼 생각해라. 초점을 바꿔라. 바로 위의 상황과 비교하지 말고 바로 아래의 상황과 비교해보라.

예를 들어, 만약 '최고로 좋은' 물건을 사는 것이 목표라면 그것을 얻었을 때 금메달리스트처럼 느껴질 수 있지만 내년에 더 새롭고 좋은 물건이 나오면 당신은 은메달리스트의 질투에 빠질 것이다. 대신, '충분히 좋은 것'을 사는 것을 목표로 한다면 당신은 동메달리스트로서 최고와 비교하고 있지 않으므로 따라잡아야 할 필요를 느끼지 않는다.

나는 유명한 음악가들을 많이 만나보았다. 자신보다 더 유명한 사람을 만나면 속상해하며 불행을 느끼는 사람들이 있다. 자신을 슈퍼스타들과 비교하기 때문이다. 하지만 행복한 사람들은 음악을 하면서 살아갈 수 있다는 사실만으로 기뻐한다.

물론, 목표와 야망이 있고 특정 기술과 분야에서 최고가 되려 한다면 금메달만 바라보는 은메달리스트처럼 실망하는 것도 도움이 된다. 그 추진력으로 더 열심히 연습하고 실력을 향상할 수 있다.

당신은 가진 것에 더 감사해야 한다. 지금보다 충분히 더 나쁜 상황이 될 수도 있었는데 무엇이든 가질 수 있다는 것은 너무도 큰 행운이다.

이에 관한 더 재미있는 생각을 접하고 싶다면 인터넷에서 루이 C. K.의 "모든 것이 멋지고 아무도 행복하지 않다"Everything is amazing and nobody is happy와 제리 사인펠드Jerry Seinfeld의 "은메달 루틴"Silver medal routines 을 검색해보길.

Life Question ㉓
'위를 향한 비교'와 '아래를 향한 비교'는 당신의 행복에 어떻게 영향을 미치는가?

sive.rs/bronze

29

좋아하는 일은 간단해 보인다

Imagining lots of tedious steps? Or one fun step?

우리는 자신이 싫어하는 일은 어렵다고 생각하기 마련이다. 그저 짜증 나는 단계가 많이 따르는 것 같다.

반면 좋아하는 일은 간단해 보인다. 재미있는 하나의 단계로 이루어진 것처럼 느낀다.

달리기를 싫어하는 사람에게 방법을 물어보면 이렇게 답한다. "음…. 우선 운동복을 입은 다음 스트레칭을 합니다. 그다음에는 운동화를 신고 밖으로 나갑니다. 그리고 땀이 나게 달리고 땀을 식힙니다. 그러고 나서 샤워를 하고 옷을 갈아입어야 합니다. 그럴 시간이 어딨어요?"

달리기를 좋아하는 사람에게 물으면 이렇게 답할 것이다. "간단하죠! 그냥 운동화 신고 달려요!"

이 차이를 알면 프로젝트에 대한 당신의 생각을 알아차리는 데 도움이 된다. 하고 싶은 일이라도 많은 단계의 지루한 일로 이루어져 있다고 생각한다면 사실은 진정으로 하고 싶은 일이 아닐지 모른다. 생각만 해도 끔찍한데 하고 싶을 리가 없다.

사람들은 내가 회사를 창업한 것에 관해 자주 묻는다. "정말 힘들었겠네요. 정말 큰일이죠! 그 많은 일을 어떻게 다 해냈나요?" 하지만 나는 솔직하게 이렇게 대답할 뿐이다. "정말 별거 아니었습니다. 그냥 작은 웹사이트를 만들었는데 사람들의 반응이 좋았어요. 그게 다입니다." 정말이지 세세한 것은 기억도 나지 않는다. 내 머릿속에서는 그저 재미있는 단계 하나로 이루어진 일이었으니까.

이제 나는 새로운 프로젝트를 시작할 때마다 이 부분에 집중한다. 이 일이 몇 단계로 이루어진 것처럼 느끼는가?

Life Question ㉙

어떤 일을 시작할 때, '지루한 여러 단계'인지 '재미있는 단계 하나'인지
어떻게 판단하는가?

sive.rs/steps

30

미루지 않는 방법:
'그리고'를 '또는'으로 바꿔라

Procrastination hack: change "and" to "or"

내가 운동을 할 수 있으려면 다음의 불문율이 충족되어야만 했다.

날씨가 좋고, 일을 다 끝냈고, 방금 뭔가를 먹지 않았고, 에너지가 넘쳐야 한다.

하지만 이 모든 조건이 다 충족되는 경우는 드물므로 운동을 자주 하지 않게 되었다.

코치는 이 '그리고'를 '또는'으로 바꿔보라고 했다.

날씨가 좋거나 일을 다 끝냈거나 방금 뭔가를 먹지 않았거나 에너지가 넘치는 등 한 가지만 걸리면 한다.

이렇게 다르게 보니 지금은 예전보다 훨씬 더 자주 운동한다.

무언가를 실행하기 위해 꼭 충족해야 할 조건 목록이 있는가?

'그리고'를 '또는'으로 바꿔보자.

선택지는 항상 두 개 이상이다

There are always more than two options

큰 결정을 내릴 때 나에게 조언을 구하는 사람들이 있다. 그들은 보통 두 가지 선택지 중 하나를 고르려고 한다. 여기서 신중하게 결정하면 된다는 것이다. 하지만 그것은 결정이 아니다. 스스로 만든 딜레마일 뿐! 선택지는 항상 두 개 이상 존재한다는 것을 기억해야 한다.

선택권이 하나밖에 없다는 말은 "선택의 여지가 없다"라는 말과 같은데, 가만히 생각해보면 이것은 잘못된 말이다. 적어도 '아무것도 하지 않기'와 '완전히 미친 짓 해보기'를 더 추가해야 한다.

두 가지 선택권밖에 없다는 말은 이도 저도 못 하고 갇혔다는 뜻이다. 두 가지 선택권만 있으면 사람들은 그 둘의 장단점만 비교하기 시작하고 다른 선택권을 떠올리는 것은 아예 잊어버리게 된다.

한 친구는 만족도가 전혀 없는 직장을 계속 다닐지, 창업할지 둘 중 하나를 선택하려고 했다. 나는 그에게 몇 가지 다른 옵션을 더 제안했다.

- 근무 시간 외에 새 회사를 세운다. 새 회사에서 얻는 수입이 급여의 50퍼센트가 되면 그때 퇴사한다.
- 직장에서 근무 시간에 몰래 창업 준비를 한다. 해고될 때까지.
- 창업 아이디어를 상사에게 제안해 새 부서를 만들어 계속 직장에 다닌다.
- 직장과 창업 모두 포기하고 뉴질랜드로 가서 투어가이드가 된다.

더 많은 선택지를 고려해본 친구는 자신이 진정으로 원하는 게 창업이 아니었음을 깨달았다. 그저 현재 상황을 바로잡는 것을 회피하고 있을 뿐이었다.

위대한 통찰력은 오직 다양한 선택권에 마음을 열 때 나온다. 여러 생각을 합친 것, 완전히 말도 안 되는 것까지 모든 아이디어를 브레인스토밍하라. 이 과정은 한 시간도 채 안 걸리지만 친구들은 스트레스를 덜 받고 명확하게 생각하게 되었으며, 예전에는 딜레마처럼 다가오던 결정에 대해서도 더 다양한 가능성을 열어두고 흥미를 갖게 되었다.

Life Question ③

당신의 선택지에 '아무것도 하지 않기'와 '완전히 미친 짓 해보기'를 넣는다면 결정 과정은 어떻게 달라질까?

sive.rs/options

조언을 활용하는 가장 현명한 방법

Beware of advice

당신이 누군가에게 카메라를 주고 사진을 찍어달라고 한다고 해보자. 하지만 나중에 확인해보니 그 사람이 실수로 당신이 아니라 자신을 찍었다는 것을 알게 되었다.

당신이 '직장을 그만두고, 창업할까?' 같은 큰 고민에 대하여 평소 존경하는 성공한 사람들에게 조언을 구한다고 해보자. 하지만 그들은 당신이라는 사람과 당신이 놓인 상황을 전부 알지는 못하므로 자기 상황과 경험 그리고 그들의 가치관이 반영된 조언을 해줄 수 있을 뿐이다. 조언에 어떤 식으로 편향이 생기는지 한 번 살펴보자.

복권 번호와 같은 성공. 성공한 사람들의 조언은 나에게 이렇게 들린다. "자, 여기 내가 사용한 복권 번호입니다. 14 29 71 33 8. 난 이 번호로 당첨됐어요!" 여러 요소가 성공에 편향을 만든다. 운일 수도 있고 아닐 수도 있다. 정확한 성공 요인이 무엇인지 알기 쉽지 않다. 과연 어디에서 배울 것인가?

소수의 고집스러운 의견에 불과하다면? 어떤 이들은 다른 사람들이 이미 많이 한 조언을 피해서 독창적인 의견을 주려고 한다. 가령, 주변의 모든 사람이 일을 그만둔다면 당신에게는 절대로 직장을 그만두지 말라고 조언할 것이다. 하지만 그들의 조언은 당신의 환경이 아니라 그들을 둘러싼 환경에 근거한 것이다. 당신을 위한 최선과는 솔직히 별 관계가 없는 조언이다. 단지, 주변에서 흔히 들을 수 없는 소수 의견일 뿐이다.

당신이 "A를 선택해야 할까요, B를 선택해야 할까요?"라고 조언을 구할 때 그 사람은 "얼룩말!"이라고 조언한다. 그 상황을 이용해 브레인스토밍해보라고 하면서, 더 많은 선택지에 마음을 열라는 무모한 제안을 하는 것이다. 오스카 와

일드의 표현처럼 그런 과정이 재미있고 유용할 수도 있지만, 정확하지는 않은 조언이다.

문제는 누군가의 조언을 너무 진지하게 받아들인다는 것이다. 조언을 구하는 것은 반향 찾기와 같아야 한다. 주변 환경을 살펴보고 모든 메아리에 귀를 기울여 당신이 전체적인 그림을 파악해야 한다.

결국 무엇을 선택해야 할지 아는 사람은 자신뿐이다. 당신이 받은 모든 피드백과 다른 사람들은 모르는 자신의 개인적이고 미묘한 부분을 고려해서 선택해야 한다.

33

인생의 전략을 바꾸어야 할 때

Switch strategies

인생은 여행과도 같다. 가고 싶은 곳에 도착하려면 몇 번이나 방향을 바꿀 필요가 있다.

커리어 초기에 최고 전략은 모든 일에 '예스'라고 말하는 것이다. 더 많은 것을 시도할수록, 더 많은 사람을 만날수록 좋다. 모든 기회가 당신을 행운으로 이끌어줄지도 모른다.

뭔가 특별한 보상을 주는 일이 있다면 이제 전략을 바꿔야 한다. 모든 에너지를 그 일에 집중하라. 절대로 여유를 부리지 말고 물이 들어올 때 노를 저어라. 집착에 가까울 정도로 자신의 모든 것을 쏟아부어라.

만에 하나 그것이 막다른 길이라면 다시 전략을 바꾼다. 뭐든지 다 시도하는 전략으로 돌아간다.

결국 무언가에 집중하면 보상을 받을 것이다. 성공과 함께 기회와 제안이 물밀듯이 밀려올 것이다. 그러면 분명 다 받아들이고 싶기도 할 것이다. 하지만 이때 다시 전략을 바꿔야 한다.

불어난 물에 빠져서 허우적거리지 않으려면, 앞에서 말한 "완전히 '예스'가 아니라면 '노'라고 말하기"를 배워야 할 때다. 이제 첫 번째 목적지에 도착했다는 것을 인정하라. 지금까지 따라온 방향에서 벗어나 앞으로의 새로운 방향을 정해야 한다. 새 계획을 세우면 당연히 전략도 바뀌어야 한다.

Life Question 33
인생에서 전략을 바꿔야 하는 시점이 되었는지 판단하는 나만의 기준이 있는가?

sive.rs/switch

34

당신이 10년간 해낼 수 있는 일을
과소평가하지 마라

Don't be a donkey

당신은 한꺼번에 여러 방향을 추구하고 있는가? 전부 다 하고 싶은데 세상은 한 가지만 선택하라고 요구해서 불만인가?

문제는 지금 모든 일을 하지 않으면 그 일이 다시는 오지 않을 것 같다고 생각하는 단기적인 사고다. 그리고 해결책은 장기적으로 생각하는 것이다. 앞으로 몇 년 동안 한 가지만 하고 그다음에 몇 년 동안 또 한 가지만 해라. 계속 이런 식으로 한다.

프랑스 철학자 뷔리당이 말한 '당나귀 이야기'를 들어봤을 것이다. 당나귀 앞에 건초 묶음과 물이 놓여 있다. 당나귀는 계속 좌우를 살피며 건초와 물 중에서 하나를 선택하려고 한다. 하지만 결국 하나를 확실히 선택하지 못하고 배고픔과 목마름으로 죽고 만다.

당나귀는 미래를 생각할 수 없다. 만약 당나귀가 미래를 생각했더라면 먼저 물을 마신 다음에 건초를 먹으면 된다는 사실을 분명히 알았을 것이다.

당나귀가 되지 말자. 당신은 하고 싶은 일을 전부 다 할 수 있다. 그저 선견지명과 인내심이 필요할 뿐이다. 만약 당신이 지금 서른 살이고 추구하고 싶은 방향이 여섯 개 있다고 해보자. 10년 동안 하나씩 하면 90세에 여섯 가지를 다 끝낼 수 있다. 나이 서른에 90세를 계획한다는 게 터무니없는 것처럼 느껴질지 모른다. 하지만 그러다 보면 진짜 하고 싶은 일이 생길 수도 있으니 한 가지에 집중해보자.
한 번에 한 방향에만 완전히 집중하면 갈등을 느끼거나 주의가 흐트러질 일이 별로 없다. 언젠가 다른 일도 해낼 것을 알기 때문이다.

누구나 작은 규모로는 이미 이런 접근법을 활용해왔다. 오늘 당장 처리해야 할 급한 일이 생기면 그 일에 집중한다. 물론 잠깐 집중이 흐트러지고 '영화나 보고 싶다'라는 생각이 들 수도 있다. 하지만 이 일을 끝내면 나중에 다른 일을 할 수 있다는 것을 알기에 우리는 잡념을 털어내고 다시 집중한다. 이런 상황을 몇 달 또는 몇 년까지 확장하는 것이다. 다른 일은 나중에 충분히 할 수 있다는 사실을 염두에 두고 한 번에 한 가지 일에만 집중하라.

사람들은 1년 동안 할 수 있는 일은 대부분 과대평가하지만, 10년 동안 할 수 있는 일은 과소평가한다.

장기적으로 생각하라. 미래를 이용하라.

근시안이 되지 마라. 당나귀가 되지 마라.

Life Question ㉔
멀리 내다 보며 큰 것을 이루는 장기적인 사고를 하려면 당신이 되려지 말아야 하는 가?

sive.rs/donkey

HELL YEAH OR NO, WHAT'S WORTH DOING

관점의 힘:
즐거운 변화의 시작

35

나는 내가 보통 이하라고 생각한다

I assume I'm below average

암 환자의 96퍼센트가 자신은 일반적인 암 환자보다 더 건강하다고 주장한다.

교수의 94퍼센트는 자신이 보통 교사보다 더 뛰어나다고 생각한다.

학생의 90퍼센트는 자신이 보통 학생들보다 지능이 높다고 생각한다.

운전자의 93퍼센트는 자신이 보통 운전자보다 안전하게 운전한다고 생각한다.

처음 이 사실을 알았을 때 영혼이 뒤집히는 느낌이었다.

처음에는 나도 다른 사람처럼 "그래. 난 정말 보통 이상이야!"라고 생각했다. 하지만 이내 잘못되었음을 깨달았다.

그래서 나는 반대로 생각해보기로 결심했다.

이제 나는 그냥 내가 평균 이하라고 가정한다. 그렇게 생각하는 게 나에게 이롭다. 더 열심히 듣고 더 많이 질문하게 된다. 나는 남들이 멍청하다고 생각하지 않기로 했다. 대다수가 나보다 똑똑할 거라고 가정한다.

자신이 평균 이하라고 가정하는 것은 아직 배울 게 많다고 인정하는 것이다. 과거의 성취가 아니라 개선해야 할 부분에 초점을 맞춘다.

많은 이들이 남들에게 잘 보여야만 한다는 걱정 때문에 위대한 일에 도전하지 않는다. 멋진 일을 해야 한다는 걱정 때문에 아무것도 제대로 하지 않는다.

스스로 아직 배우고 있고 이 행동이 연습이라고 생각한다면 이런 마비 상태에서 벗어날 수 있다.

Life Question ㉟
'아직 배울 게 많다'라는 인식은 우리의 행동과 태도에 어떤 영향을 미치는가?

sive.rs/below-average

36

다 내 잘못이다

Everything is my fault

나는 사람들에게 화를 잘 내곤 했다. 나에게 거짓말을 해서, 나를 배신해서. 무책임하게 잠수를 타서….

패턴이 보이는가? 그렇다. "저 사람들이 이래서, 저래서"라고 탓하고 있다.

누군가가 우리를 화나게 할 때 그들 잘못이라고 느끼는 것은 인간의 본성이다. 하지만 어느 날 나는 모든 것이 내 잘못이라고 생각하려고 해보았다.

예를 들자면, 그들이 거짓말을 할 수밖에 없는 환경을 내가 만들어서. 그들의 행동은 중립적이었음에도 내가 배신으로 오해해서. 그들이 나와 대화하기보다 잠수를 선택하는 게 낫다고 생각하게 만들어서.

모두 내 잘못이라고 생각하니 기분이 좋았다! 이것은 용서보다 훨씬 낫다. 용서하더라도 다른 사람들이 잘못되었고 내가 피해자라는 가정은 여전하니까 말이다.

하지만 다 내 잘못이라고 생각하면 기분이 좋아진다! 내가 부당한 취급을 받았다는 생각이 없어진다. 상황이 이렇게 된 데는 다른 사람뿐만 아니라 나도 일조했기 때문이다.

이 생각에는 큰 힘이 들어 있다! 이제 당신은 어떤 상황을 만들고 실수했지만 그 실수에서 배울 수 있는 사람이다. 이제 통제권은 당신에게 있고 불만도 사라졌다. 나는 이 철학이 너무 좋아서 내 남은 인생에 쭉 적용하기로 유쾌하게 결정했다. 누군가를 탓하는 자신을 발견하면 나는 곧바로 내 잘못이라고 생각을 바꾼다.

- 그 남자가 내 투자금을 들고 나른 것? 내 잘못이다. 그의 주장이 사실인지 확인했어야 했다.

- 무척이나 사랑했던 사람이 나를 떠난 것? 내 잘못이다. 우리 관계가 정체기에 접어들게 방치했거든.
- 정부가 마음에 안 드는 것? 내 잘못이다. 내가 직접 참여해 변화를 이끌어갈 수도 있었다.

이 방법이 강력하게 느껴지지 않는가? 한번 시도해보라. '잘못'이라는 말 대신 '책임'이라는 말을 사용해도 좋다. 당신에게 일어난 모든 나쁜 일이 당신이 일조한 일이었다고 생각해보자.

Life Question ㊱
당신은 실수에서 배우는 편인가, 도피하는 편인가?

_____ sive.rs/my-fault

나는 틀리는 게 좋다

I love being wrong

나에 대해 생각할 때 대개는 똑똑하고 성공적이며 추진력이 강한 사람이라고 느낀다. 마치 모르는 게 없는 것처럼 말이다. 하지만 지난달에 나를 당황하게 만드는 일이 엄청나게 많이 일어났다. 이렇게 후회스러운 경험은 처음이었다.

나는 마음이 약해질 대로 약해져 친구들에게 도움을 청했다. 그들은 많은 좋은 조언을 해주었고 새로운 관점에서 바라보도록 도와주었다. 다른 관점으로 바라보니 잠시나마 기분이 나아졌지만 그러다 다시 파괴적인 생각의 소용돌이에 빠져들었다.

살면서 무언가 잘못될 때마다 나는 자신에게 물었다. "이 일에서 좋은 점은 무엇인가?" 보통은 답을 찾았었지만 이번엔 아니었다. "없어. 어디로 보나 끔찍한 상황일 뿐이야"라는 답이 돌아왔다. 거의 매일 이 질문을 떠올려 보았지만 답은 똑같았다.

결국 나는 깨달음을 얻었다. 사실 나는 틀리는 것을 좋아한다. 비록 자신감에는 스크래치가 생기지만 틀려야만 배움을 얻을 수 있기 때문이다. 사실 나는 길을 잃는 것을 좋아한다. 두려움이 느껴지지만 길을 잃어야만 전혀 예상치 못한 곳에도 갈 수 있기 때문이다.

나는 조금씩 실수하고 길을 잃는 것을 추구한다. 내 예상을 뒤엎고 생각을 바꿔주는 작은 교훈을 좋아한다. 놀라지 않으면 배우는 게 없는 법이니까. 이렇게 나는 틀리는 것의 좋은 점을 마침내 알아냈다. 틀려서 당황한 경험이 나를 겸손하게 만들었다. 오랜만에 사람들에게 도움을 청했고 오랜만에 사람들의 조언에 마음을 열었다.

지난달에 친구들에게 얼마나 많은 것을 배웠는지 생각하

니 미소가 절로 나왔다. 처음에는 마음이 아주 쓰라리기도 했지만 아직 배울 게 있다는 것이 얼마나 행복한 일인지 깨달았다.

모든 답을 다 안다고 생각하는 것보다 훨씬 낫다.

Life Question ㊲
길을 잃는 것은 어떤 새로운 가능성을 열어주는가?

_____ sive.rs/lw

38

대선율 노래하기

Singing the counter-melody

내 조언과 의견은 그 자체로는 이상하게 들릴지도 모른다.

혹시 음악에서 말하는 대위법이 무엇인지 아는가? 주요 선율 아래에 그것을 거스르는 대선율이 있는데 둘이 함께 어우러져 조화를 이룬다. 이것은 누군가가 중간중간에 선율을 따라 부르는 화음 넣기와는 다르다. 대선율은 그 자체로 독립적인 선율이지만 주선율을 보완하기 위해서 존재한다.

만약 내 조언과 의견이 이상하게 들린다면 내가 대선율이라서 그렇다.

당신이 듣는 목소리는 내 목소리뿐만이 아니라는 것을 안다. 우리 모두가 듣는 보편적인 메시지를 선율이라고 해보자. 나도 그 선율이 마음에 들지만 그대로 똑같이 따라 하고 싶지는 않다. 그래서 나는 좋은 대선율을 생각해내려고 노력한다.

나는 보편적인 메시지에 부족하다고 생각하는 것을 보완하기 위해 그렇게 한다. 내가 대중을 위해 쓰는 글은 대중적인 메시지를 보완하기 위한 대위법이다. 물론 내 의견 말고도 수없이 많은 의견이 있다. 내 의견은 그저 대선율일 뿐이다.

나는 당신이 선율의 조합을 들어주었으면 좋겠다. 결국 당신은 가장 마음에 드는 선율을 따라부르거나 직접 자신만의 선율을 만들게 될 것이다.

Life Question ㊳
자신만의 선율을 만들기 위해 필요한 과정은 무엇인가?

sive.rs/counter

39

일어날 일은 일어난다

What are the odds of that?

세 가지 실화가 있다.

나는 1992년에 도쿄에서 마사코라는 여자와 데이트를 했다. 한 달을 사귄 후 그녀는 런던으로 떠났고 연락이 끊겼다.

2008년에, 며칠 동안 런던에 머물게 되었다. 문득 마사코가 16년이 지난 그 당시에도 여전히 런던에 살고 있는지 궁금했다.

내가 그 생각을 하자마자 그녀가 내 옆을 지나갔다.

"마사코!"

"데릭?!"

1993년에 나에게는 아르헨티나에 사는 루시아라는 펜팔 친구가 있었다. 그녀는 노르웨이어를 공부하고 있었고 언젠가 노르웨이 오슬로에 가서 살 계획이었다. 결국, 우리는 연락이 끊겼다.

2007년에 우리 밴드는 오슬로에서 며칠 동안 투어 공연을 했다. 공원에 앉아 있을 때 문득 루시아가 정말로 오슬로에 살고 있을지 궁금해졌다.

내가 그 생각을 하자마자 그녀가 내 옆을 지나갔다.

"루시아!"

"데릭?!"

오늘 나는 싱가포르에 있다. 글을 쓰기 위해 도서관에 갔다. 사람이 너무 많아 앉을 자리가 없어서 이 방 저 방을 돌아다니다가 마침내 빈 자리를 발견했다.

내 옆자리에 앉은 남자가 내가 사람들에게 자주 추천하는 책『에고라는 적』을 읽고 있었다.

나는 "훌륭한 책이죠!"라고 말했다.

남자가 말했다. "당신 때문에 읽게 됐어요. 데릭 맞죠?"

알고 보니 그의 이름은 토머스이고 우리는 며칠 전에 이메일을 주고받은 사이였다.

어떤 사람들은 우연이란 건 없다고 생각한다. "그럴 확률이 얼마나 되겠어?" 마치 우연이란 결코 있을 수 없다는 듯한 뉘앙스다. 그들은 뭐든 의미가 있어야만 멋진 인생이라고 생각한다. (아무런 연관성이 없는 것들에서 패턴을 찾는 것을 아포페니아apophenia라고 한다.)

나는 모든 것이 우연이라고 생각하는 것을 좋아한다. 의미가 없어야만 인생이 더 멋진 것처럼 느껴진다. 아무런 어젠다agenda도 없는 아름다운 무작위성.

거액의 복권에 당첨될 확률은 얼마나 될까? 5천만분의 일? 하지만 그건 나만 생각했을 때의 확률이다! 누군가는 반드시 당첨된다. 따라서 자신을 초월해 큰 그림을 보고 "이렇게 희귀한 일이 일어날 확률은 얼마나 될까?"라고 묻는다면 어떨까? 답은 거의 100퍼센트다. 극도로 드문 놀라운 일들이 매일 누군가에게는 일어난다. 어떤 확률이 불가능해 보일 때 이 사실을 떠올리면 좋겠다.

40

원래 그런 것은 세상에 없다

2 3 4 1, 2 3 4 1

　내가 좋아하는 음악가 중에 나이지리아 출신의 펠라 쿠티Fela Kuti가 있다. 예전에 나는 펠라 쿠티의 곡을 많이 연주하는 아프로팝 밴드에서 기타를 맡았다.

　밴드 리더는 우리가 '1'로 알고 있는 것, 한 악구의 시작인 다운비트가 서아프리카 음악에서는 악구의 끝이라고 간주한다고 설명했다. 즉 '1 2 3 4, 1 2 3 4'가 아닌, '2 3 4 1, 2 3 4 1'인 것이다. "어떻게 시내에 갑니까?"가 아닌, "시내에 갑니까, 어떻게?"라고 묻는 것과 똑같다.

대부분 음악가는 먼저 스튜디오에서 노래를 녹음하고 콘서트에서 공연한다. 하지만 펠라 쿠티는 반대로 했다. 그는 콘서트에서 녹음되지 않은 새 곡들만 공연했다. 그리고 스튜디오에서 녹음한 후에는 절대로 콘서트에서 선보이지 않았다. 이 둘의 유사성에 내 눈에 띄었다. 그에게 녹음이란 노래 생명의 시작이 아니라 끝을 의미했다. 그런 식으로 생각한다면 저절로 이해된다.

이것 말고 다른 모든 시작과 끝, 우리가 당연한 사실로 받아들이지만 오히려 정반대로 봐도 말이 되는 것들에 대해서도 생각해보게 된다.

Life Question ④

당신의 관점에서는 새로운 일의 시작은 언제인가?

sive.rs/fela

성게 껍질 232개

232 sand dollars

나는 스물두 살 때 1년 동안 오리건주 바닷가에서 혼자 살았다. 연습하고 녹음하고 꿈꾸고 해변에서 오랫동안 달리기를 하며 지냈다. 아기 때부터 그 바닷가를 방문했고 어림 잡아 수백 시간 동안 해변을 돌아다녔기 때문에 구석구석 잘 알고 있었다. 어릴 때는 그곳에서 부서지지 않은 성게 껍질을 주우면 그야말로 대박이었다. 그 대박은 내 인생에서 다섯 번 정도 일어났다.

그 바닷가에서 살았던 그해, 어느 평일 오후에 해변 전체를 혼자 독차지했을 때 온전한 성게 껍질 하나를 발견했다.

몇 분 후에는 또 하나를 주웠다! 변함없는 모래 달러(sand dollar, 모양이 '달러 동전'을 닮아 붙여진 이름이며, 이 껍데기는 아주 쉽게 깨지기 때문에 완전한 상태로 발견하는 것은 흔치 않은 일이다—편집자). 몇 분 후에, 나는 발견했다. 30초 후에, 또, 또, 또, 또!

처음에는 줍는 대로 주머니에 넣었는데 너무 많아서 나중에는 서츠를 벗어 가방처럼 사용해야 했다.

집으로 돌아갈 무렵에는 모두 232개의 온전한 성게 껍질이 모였다. 모두 햇빛에 널어두고 믿어지지 않는 행운에 감탄했다. 가족들에게 자랑도 했다. 232개의 성게 껍질로 할 수 있는 일들을 생각해내려고 했다.

하지만 이틀이 지나자 흥분은 가라앉았다. 그것들로 할 만한 게 아무것도 없었다. 아무 쓸모도 없는 성게 껍질을 저렇게나 많이 쌓아두고 있다는 게 바보처럼 느껴지기까지 했다. 흥분되는 일은 성게 껍질을 쌓아두는 것이 아니라 발견하는 데 있었다.

다음날은 중요한 휴일이어서 해변은 관광객들로 가득 찰 예정이었다. 그래서 새벽 6시에 성게 껍질 232개를 전부 들고 바닷가로 긴 산책을 나갔다. 산책하면서 하나씩 던져놓았다. 놀러 온 아이들이 몇 개씩 주울 수 있도록 적당히 간격을 두었다.

집으로 돌아가는 길에 두 아이가 성게 껍질을 발견하고 신나서 소리 지르는 것을 들으며 속으로 만족감을 느꼈다.

나는 인생을 이렇게 살고 싶다.

Life Question ㉛

당신이 삶에서 가장 만족감을 느끼는 순간은 언제인가?

sive.rs/232

42

전화위복의 지혜

My favorite fable

농부에게는 말이 딱 한 마리 있었다. 어느 날 말이 도망쳤다.

그의 이웃들은 말했다. "안 됐어요. 정말 나쁜 소식이에요. 얼마나 속상할까."

하지만 농부는 "두고 봐야지요"라고 말할 뿐이었다.

며칠 후, 그의 말은 20마리의 야생말들을 이끌고 돌아왔다. 농부와 그의 아들은 21마리의 말을 울타리 안으로 몰아넣었다.

이웃들이 말했다. "축하해요! 좋은 소식이에요. 정말 행복하겠어요!"

농부는 또 "두고 봐야지요"라고 말했다.

야생말 한 마리가 남자의 하나뿐인 아들을 걷어차 두 다리를 부러뜨렸다.

이웃들이 말했다. "안 됐어요. 정말 나쁜 소식이에요. 얼마나 속상할까."

농부는 "두고 봐야지요"라고 말했다.

나라에 전쟁이 터졌고 건강한 젊은이들은 모두 전쟁터로 나가 싸워야 했다. 전쟁은 끔찍했고 거의 모든 젊은이가 목숨을 잃었다. 하지만 다리가 부러져서 징집되지 않았던 농부의 아들은 살아남았다.

이웃들은 말했다. "축하해요! 좋은 소식이에요. 정말 행복하겠어요!"

농부는 "두고 봐야지요"라고 말할 뿐이었다.

Life Question ㊷
삶에서 어떤 사건이 긍정적인지 부정적인지를 결정하는 당신의 기준은 무엇인가?

_____ sive.rs/horses

HELL YEAH OR NO, WHAT'S WORTH DOING

좋아하는 일을 하면서
돈을 많이 버는 방법

43

나에게는 당연하지만
누군가에게는 놀라울 수 있다

Obvious to you. Amazing to others.

모든 창조자는 이 감정을 알고 있다.

당신은 다른 사람의 혁신적인 작품을 경험한다. 아름답고 획기적이고 숨이 턱 막힌다. 당신은 그 작품에 매료된다. 전혀 예상치 못했고 예상을 빗나가지만 완벽한 아이디어.

당신은 이렇게 생각할 것이다. "나라면 절대로 저런 생각을 하지 못했을 거야. 어떻게 저런 생각을 할 수 있지? 천재적이야!"

그다음에 당신은 이렇게 생각한다. "내 아이디어는 너무 뻔해. 난 저렇게 독창적인 아이디어를 떠올릴 수 없을 거야."

나는 이런 느낌을 자주 느낀다. 놀라운 책, 음악, 영화, 심지어 멋진 대화에서도. 어떻게 저런 걸 생각해냈을까 경외심마저 든다. 겸허해진다.

하지만 나는 내 일을 계속한다. 나의 작은 이야기들을 하고 나의 관점을 공유한다. 전혀 대단하거나 화려하지 않다. 그냥 나의 평범한 생각일 뿐.

어느 날 누군가에게 이런 이메일을 받았다. "나라면 절대로 그런 생각을 떠올리지 못했을 거예요. 어떻게 그런 생각을 했죠? 천재적이에요!"

물론 나는 그렇지 않다고, 절대로 특별한 게 아니라고 설명해주었다.

하지만 그 후에 나는 놀라울 정도로 심오한 무언가를 깨달았다.

모든 사람의 생각은 당사자에게는 당연하게 느껴진다.

존 콜트레인(미국의 재즈색소폰 연주자이자 작곡가―편집자)이나 리처드 파인먼도 그들이 연주하거나 설명하는 모든 것이 지극히 당연하다고 느꼈을지 모른다.

나에게는 당연한 것이 누군가에게는 놀라울 수 있다. 작곡가들 중에는 그들이 만든 크게 히트했던 곡에 대해 녹음할 가치도 없는 바보 같은 작품이라고 생각했다고 말하는 경우가 종종 있다.

우리는 자신이 만든 작품을 제대로 판단하지 못한다. 그러니 세상 밖으로 내보내 다른 사람들이 결정하도록 해야 한다. 당신에게는 너무 당연한 것 같아서 공유하기를 주저하는 것은 무엇인가?

44

행복하고 똑똑하고 유용한 선택

Happy, Smart, and Useful

인생을 좌우하는 중요한 결정을 할 때 고려해야 할 세 가지가 있다.

- 무엇이 당신을 행복하게 하는가?
- 무엇이 현명한 일인가? (장기적으로 이로운가?)
- 다른 사람들에게 유용한가?

우리는 이 중에서 한 가지를 잊어버릴 때가 많다. 가령 이런 식이다.

똑똑하고 유용한 선택(하지만 행복하지는 않다)

이것은 다음과 같이 말하는 엄격한 부모들에게 흔히 나타난다. "가장 좋은 학교에 가서 완벽한 성적을 받고 법이나 의학을 전공해 돈을 많이 벌어야 해. 네가 원하는 건 중요하지 않아. 이게 너와 가족들에게 가장 좋은 선택이니까."

똑똑하고 유용한 선택도 나쁘지 않다. 기계처럼 합리적이다. 하지만 행복이 그 기계에 기름칠을 해줘야 한다. 행복이 없으면 마찰이 일어나 엔진이 망가진다.

행복하고 똑똑한 선택(하지만 유용하지는 않다)

이것은 '라이프스타일 디자인' 또는 '자기계발 중독자'들에게 흔히 나타나는 고정관념이다. 항상 배움과 발전을 추구하고 행복과 완벽한 삶에 집착해서 모든 것을 쏟아붓는다. 그들의 관심은 다른 사람들에게 가치 있는 일이 아니라 '불로소득원'을 만드는 방법으로 향한다.

행복하고 똑똑한 선택도 나쁘지 않다. 자신에게 집중하는 것이 처음에는 꽤 기분이 좋을 수 있다. 하지만 당신 혼자 힘으로는 자신을 일으켜 세울 수 없다. 궁극적으로 주변에서 당신을 끌어 올려주어야 한다.

행복하고 유용한 선택(하지만 똑똑하지는 않다)

이것은 자선 봉사자들에게서 흔히 나타나는 모습이다. 그들은 비싼 돈을 들여 대학을 졸업한 후 수년 동안 가난한 나라로 날아가 우물을 파고 집을 짓는 일을 한다.

대학 졸업자의 노동 가치가 시간당 200달러라고 한다면, 그들은 현지 주민들이 시간당 10달러를 받고(항공료와 호텔 숙박비도 안 든다) 더 잘하는 일을 하는 것이다. 결국 자신에게도 해롭다. (이 문제에 대해 더 자세히 알고 싶다면 온라인에서 「자선의 효율성: 남을 대접하라Efficient Charity: Do Unto Others」와 「남들의 문제라는 환원주의적 유혹The Reductive Seduction of Other People's Problems」이라는 기사를 찾아보라.) 이 범주에 속하는 사람들은 평생 아무런 발전 없이 똑같은 일을 한다. 항상 지역에서 공연만 할 뿐 좋은 앨범을 내지 못하는 음악가들처럼.

행복하고 유용한 선택도 나쁘지 않다. 그 사람들은 세상에 좋은 일을 하는 것이므로 결점을 찾기가 어렵다. 의도는 훌륭하지만 전략은 형편없다. 노력은 낭비되고 잠재력은 발휘되지 못한다.

행복하기만 한 선택(똑똑하지도 않고 유용하지도 않다)

이것은 멕시코 어부에 관한 우화이다. 어떤 사람들은 "그

냥 행복하면 됩니다. 결국 그것을 위해 사는 거 아니겠어
요?"라고 말한다. 굉장히 단순하니까 심오한 진리처럼 들린
다. 그렇지 않은가?

하지만 이솝 우화 「개미와 배짱이」에서처럼 오늘만 생각
하고 힘들 때를 미리 준비하지 않으면 결국 후회하는 날이
온다. 그리고 다른 사람들을 전혀 도우려 하지 않고 오직 자
신만 생각한다면 보상받지 못할 것이다.

그러면 어떻게 해야 할까?

삶이나 계획이 만족스럽지 않게 느껴진다면 이 세 가지
가 교차하는 지점을 찾지 못했기 때문이다.

- 나를 행복하게 하는 것
- 똑똑한 것
- 다른 사람에게 유용한 것

Life Question ④④
당신 인생의 중요한 결정은 주로 어떤 기준으로 이루어져 왔는가?

sive.rs/hsu

좋아하는 일을 하면서
돈을 많이 버는 방법

How to do what you love and make good money

돈을 잘 버는 직업을 가진 사람들은 직장을 그만두고 전업 예술가가 되고 싶어서 나에게 조언을 구한다. 하지만 전업 예술가들은 돈을 벌기가 힘들어서 나에게 조언을 구한다. (여기에서 '예술'은 블로그 운영 같은 것을 전부 포함해 '자기표현'에 관련된 일을 통칭한다.)

나는 그들 모두에게 내가 아는 가장 행복한 사람들의 생활방식을 처방해준다.

- 돈을 잘 버는 직업을 가져라.
- 돈이 아닌 예술에 대한 사랑을 진지하게 추구하라.

이 계획의 구성 요소를 살펴보자.

첫째는 균형이다. 가슴과 머리의 균형, 우뇌와 좌뇌의 균형 같은 것에 대해 들어본 적 있을 것이다. 모든 사람에게는 안정과 모험, 확실성과 불확실성, 돈과 자기표현이 전부 다 필요하다.

안정성이 지나치면 지루해진다. 안정성이 부족하면 공황 상태에 빠진다. 그래서 균형이 필요하다.

사랑하는 일도 하고 돈을 벌기 위한 일도 해라. 한 가지만으로 삶 전체를 만족시키려고 하지 마라.

인생의 이 두 부분은 서로에게 해결책이 된다. 하루 중 일부는 삶의 안정을 위해 사용하지만 자기표현을 위한 창조의 시간도 필요하다. 그래서 창조 작업을 통해 자신을 밀어붙이고 자신의 솔직한 예술을 대중에게 보여주고 거절과 무관심이 주는 좌절감을 느끼면 다시 안정성을 갈구하게 된다. 안정성과 자기표현은 이처럼 서로에게 꼭 필요한 해결책이다.

직업에 대해. 탄탄한 미래를 보장하고 돈을 많이 버는 직업을 똑똑하게 선택하라. 커리어 분야를 결정할 때 그 지역에서 가장 돈을 많이 버는 직업을 조사하라. 그런 분야의 기

술을 익히는 데 몇 년을 투자해야 할 수도 있다. 이것은 가슴
의 선택이 아니라 머리의 선택이다. 당신 인생에서 직업이
전부를 차지해서는 안 되니까.

예술에 대해. 진지하게 추구하라. 레슨을 받고 매주 진도
를 나가라. 수십 년 동안 해온 일이라도 계속 실력을 갈고닦
아야 한다.

만약 예술 측면에서 발전하지 않고 도전하지 않으면 균
형을 맞출 수 없을 것이다. 프로처럼 작품을 내놓고 팔아라.
팬들을 찾아라. 그들이 돈을 쓰게 만들어라. 하지만 당신의
태도는 돈이 절실하게 필요한 사람들과는 다를 것이다. 팔
리지 않더라도 걱정할 필요가 없으니까. 시장을 만족시키지
않아도 된다. 예술을 타협하거나 다른 사람들의 의견에 따
라 작품에 가치를 매길 필요도 없다. 당신은 오직 자신을 위
해, 예술 그 자체를 위해 예술을 하는 것이니까. 당신이 작품
을 세상에 공개하는 이유는 큰 보람을 느끼고, 정체성에 중
요하고, 어떤 부분을 개선할 것인지에 대한 좋은 피드백을
얻을 수 있기 때문이다.

이런 멋진 삶을 살지 못하게 막는 가장 큰 장애물은 자기

통제일 것이다. 소셜 미디어나 비디오 게임 같은 것에 중독되지 않고 예술을 가장 중요한 여가 활동으로 만들려면 제대로 된 시간 관리가 필요하다. 직장 밖에서는 업무에 대해 생각하지 않도록 마음 관리도 중요할 것이다.

내가 아는 전업 예술가들은 대부분 하루에 실제로 작업하는 시간이 한두 시간밖에 되지 않는다. 나머지는 예술을 전업 커리어로 만들려는 노력에 따르는 지루한 일들을 처리하는 데 쓴다. 예술 경력을 쌓으려고 하지 말고 그냥 예술을 하라.

이것은 보람 있는 삶을 위한 나의 조언이다. 나는 지난 20년 동안 수천 명의 예술가를 만났고 그중에는 전업 음악가도 많았고 아닌 이들도 많았다. 하지만 내가 아는 가장 행복한 사람들은 이 균형을 지키는 사람들이었다.

일이 당신의 모든 감정적 욕구를 충족시켜 줄 것으로 생각하지 마라. 좋아하는 일로 꼭 돈을 벌어야 한다는 생각으로 그 순수한 사랑을 더럽히지 마라. 일이 인생의 전부가 되어서는 안 된다. 예술을 유일한 수입원으로 만들려고도 하지 마라.

이 둘은 모두 자연스럽게 존재해야 한다. 둘의 균형을 맞추기 위해 노력한다면 멋진 삶을 살 수 있다.

Life Question 45
안정감과 자기 표현 사이의 균형은 어떻게 유지할 수 있을까?

sive.rs/balance

46

하지 않으면
견딜 수 없는 일은 무엇인가?

What do you hate not doing?

우리는 가치 있는 일인지 알고 싶을 때 자신에게 이렇게 묻는다. "내가 진정으로 사랑하는 것은 무엇인가?" 또는 "무엇이 나를 행복하게 하는가?"

하지만 이 질문은 간단하게 풀리는 일이 절대로 없다. 우리를 행복하게 해주는 일들의 목록이 너무 길기 때문일 것이다. 그러니 좀 더 좁힐 필요가 있다. 또는 가장 큰 보상을 주는 것들이 항상 기쁨을 주는 것은 아니기 때문일지도 모른다.

대신 이렇게 물어보자. 하지 않으면 견딜 수 없는 일은 무엇인가? 충분히 하지 않으면 우울해지거나 짜증이 나고 인생이 잘못된 길로 나아가고 있다는 생각이 드는 일은 무엇인가? 이 이중 부정의 질문에 대한 답은 당신에게 정말로 할 가치가 있는 일을 더 잘 알려줄 수 있다.

47

자신감을 잃었을 때
마음 추스르기

You don't need confidence, just contribution.

몇 년 전만 해도 나는 자신감이 넘치고 무지했다. 내가 옳고 다른 사람들은 전부 틀렸다는 확신에 차 있었다.

회사를 매각한 후 새로운 일에 도전할 준비가 되었고 공부를 시작했다. 하지만 배우면 배울수록 내가 아는 것이 적으며, 그동안 이룬 것은 전적으로 행운에 불과했다는 사실을 깨달았다.

나는 배움을 계속했고 나 자신이 완전히 바보처럼 느껴졌다. 완전히 얼어 붙어버려 새로운 것을 만들어낼 수 없는 상태가 되었다. 새로운 아이디어를 내고 만들기 시작했지만 결국은 바보같이 느껴져서 그만두었다. 나는 완전히 자신감을 잃었다. 몇 년 동안 꼼짝없이 갇혀버렸다.

결국 몇 가지 새로운 생각이 도움을 주었다.

- **행동 없는 배움은 낭비다.** 배운 것을 사용하지 않으면 아무런 소용이 없다! 배운 것을 행동으로 옮기지 않으면 배움에 쏟은 수많은 시간이 전부 낭비되니 너무도 끔찍한 일이다. 멀쩡한 음식을 쓰레기통에 버리는 것처럼 도덕적으로도 잘못이다.

- **나는 중요하지 않다.** 지금 이 순간의 내 기분은 중요하지 않다. 결국에는 다 지나갈 것이다. 아무도 나에 대해 생각하지 않고 판단하지 않는다. 사람들은 그저 자기 삶을 개선할 방법을 원할 뿐이다. 대중이 보는 나는 어쨌든 진짜 내가 아니므로 그들이 내 공개적인 페르소나를 판단한다고 해도 괜찮다.

- **중요한 것은 작품이고 내 작품은 고유하다.** 내가 다른 사람들에게 유용한 일을 할 수 있다면 반드시 해야만 한다. 내가 즐기는 한, 명작이든 아니든 상관없다. 나

만의 고유하고 이상한 관점은 삶이라는 거대한 오케스트라에서 대선율로 유용한 역할을 한다.

내가 옳고 심지어 위대하다고 생각했던 예전의 자신감이 사라져서 다행이다. 이제는 그렇게 생각하지 않는다. 지금의 나는 내 작품을 만드는 것을 목표로 한다. 나만의 고유하고 유용한 작품으로 세상에 작게나마 기여하고 싶다.

48

길을 걷는 자가
길을 정해야 한다

Let pedestrians define the walkways

새로운 대학 캠퍼스가 지어졌지만 한 가지는 여전히 토론 대상이었다. 잔디밭의 어디에 포장된 길을 넣어야 하는가였다. 어떤 사람들은 잔디밭이 훼손되지 않도록 그 옆에 길을 내야 한다고 주장했다. 또 어떤 사람들은 잔디밭을 대각선으로 가로지르는 길을 터야 한다고 했다.

한 교수가 성공적인 아이디어를 생각해냈다. 이번 해에는 잔디밭에 길을 만들지 말고 연말이 되었을 때 잔디밭의 어느 부분이 꺼졌는지를 살펴보자는 것이었다. 그러면 학생들이 어느 길로 가는지 알 수 있고 거기에 길을 깔면 된다.

탁월한 생각이다.

나는 이 아이디어가 인생 계획이나 사업 계획에도 적용된다고 생각한다. 우리는 시간이 지남에 따라 더 똑똑해진다. 자신이나 고객에 대해 더 잘 알게 된다. 자신이나 고객이 정말로 원하는 것이 무엇인지. 그러므로 우리는 시작 지점에서는 가장 어리석고 끝에서는 가장 현명하다.

그렇다면 언제 결정을 내려야 할까? 가장 많은 정보를 가지고 있고 당신이 가장 똑똑할 때, 될 수 있는 한 늦게 결정을 내려야 한다. 이 대학 캠퍼스 사례처럼 1년 동안 길을 깔지 않고 지켜볼 수 있다.

미리 모든 답을 알아내려는 마음을 억눌러라. 시작 지점에서는 아는 것이 가장 적다는 사실을 깨달아라.

미리 결정을 내리라고 요구하는 사람들에게는 "아직 모른다"라고 말하는 것에 익숙해져야 한다. 이 잔디밭 길 이야기를 들려주고 당신이 얼마나 현명한지 보여주어라.

Life Question ㊽
잔디밭 길 사례는 우리의 일상적인 결정 과정에 어떤 의미를 주는가?
_____ sive.rs/walkways

49

사람들이 부탁하기 전까지는
사업을 시작하지 마라

Don't start a business until people are asking you to

케이크를 구울 때는 먼저 해야 할 일이 있다. 오븐을 켜기 전에 재료를 준비해야 한다. 설탕을 입히고 자르기 전에 먼저 구워야 한다.

나는 사업을 시작하고 싶어 하는 사람들을 많이 만난다. 심지어 아직 사업 아이디어조차 없는 사람들도 있다. 도무지 이해되지 않는 일이다. 마치 다치지도 않았는데 붕대를 감으려는 것이나 다름없다.

하지만 대부분 아이디어는 있지만 고객이 없다. 나는 그들에게 항상 이렇게 말한다. "사람들이 부탁하기 전에는 절대로 사업을 시작하지 마세요." 의욕을 꺾으려는 것은 아니다. 오븐을 켜기 전에 재료를 먼저 준비해야 한다는 의미다.

먼저 당신이 해결할 수 있는 문제가 무엇인지를 찾아야 한다. 주의 깊게 귀 기울여서 사람들이 원하는 시나리오를 찾는다. 그들이 문제 해결을 위해 기꺼이 당신에게 돈을 내도록 만들어야 한다.

사업을 시작할 거라는 소식도 발표하지 말고 이름을 짓지도 말고 웹사이트나 앱을 만들지도 마라. 시스템을 구축하지 마라. 완전히 자유로운 상태어야만 아이디어를 수정하든 포기하든 할 수 있다.

그다음에는 당신의 작품을 돈 내고 사는 첫 번째 고객을 만들어야 한다. 일대일의 개인적인 서비스를 제공해라. 그러면 또 다른 고객이 생긴다. 그렇게 실수요를 증명하라.

그리고 가능한 한 늦게 공식적으로 사업을 시작한다.

Life Question ㊹
사람들의 필요와 당신의 해결책 사이에 연결선을 찾았는가?

sive.rs/asking

50

육아와 명상의 공통점

Parenting: Who is it really for?

5년 전에 아들이 태어난 이후로 내 생활이 완전히 달라졌다. 적어도 일주일에 30시간을 아들과 함께 보냈다. 일대일로 온전히 모든 관심을 쏟았다. 하지만 나는 육아에 대한 글을 써본 적이 한 번도 없다. 워낙 민감한 주제라서 쉽게 오해가 생길 수 있기 때문이다.

그런데 왜 지금 그 주제를 다루고 있는 거냐고? 왜냐하면 내가 부모로서 아들을 위해 하는 일들이 나 자신을 위한 것이기도 하다는 것을 깨달았기 때문이다. 아들이 태어난 후로 내가 해온 일들에 관해 이야기해보겠다.

주의집중 시간 늘리기

그것이 무엇이든 간에 아이가 지금 이 순간에 하는 일이 가장 중요하다. 그래서 나는 아이가 그 일을 가능한 한 오래 계속하도록 격려한다. 절대로 "그만해! 얼른 가자!"라고 말하지 않는다.

우리는 해변이나 숲에 가서 반나절 동안 막대기와 모래로 무언가를 만든다. 그다음에는 아이가 다른 일로 주의를 옮길 준비가 된다. 다른 가족들은 놀이터에서 20~30분 정도만 있다 가지만 우리는 그곳에 몇 시간 동안 머무른다. 다른 사람들은 우리와 이런 식으로 놀지 못한다. 다들 너무 지루해한다.

물론 어른인 나의 마음에는 이내 잡념이 가득 들어차고 이제 그만 다른 일을 하고 싶다는 생각이 든다. 하지만 곧 나는 잡념을 내려놓고 다시 지금 이 순간에 집중한다.

아이의 세계로 들어가는 것

나는 야망이 커서 하고 싶은 일들이 많다. 그렇지만 아이와 함께 있을 때는 다른 모든 것을 멈춘다. 전화를 끄고 컴퓨터도 끈다.

나는 아이의 눈을 통해 세상을 바라보려고 노력한다. 아이 입장에서 생각하려고 한다. 아이가 속상해하면 내가 저 나이 땐 어땠을까 생각하면서 아이와 눈높이를 맞춘다. 아이가 이야기를 지어내면 나는 아이의 상상 속 세계로 들어간다. 우리는 파리에 사는 고양이라고 아이가 말하면 파리에 사는 고양이가 된다. 미노타우로스가 우릴 쫓아오고 있다고 하면? 우린 둘 다 뛰기 시작한다.

물론 핸드폰을 확인하고 싶은 유혹도 든다. 현대인은 대부분 핸드폰 중독이니까. 하지만 자신에게 "그것보다 더 중요한 게 뭐지?"라고 묻고 핸드폰을 계속 꺼둔다.

아이의 감각 경험 넓히기

나는 아이가 광범위한 감각 정보를 접하길 바란다.

우리는 가능한 한 많은 숲과 해변, 산과 도시를 찾아 가능한 한 많은 것을 만져보고 냄새도 맡는다.

그리고 나는 아이와 있을 때 무척 다양한 음악을 틀어놓는다. 집에서 놀 때 아이는 페르시아의 전통 음악, 인도의 클래식 음악, 60년대 재즈, 글리치(전자 음악의 한 장르—편집자), 바르톡(20세기를 대표하는 헝가리의 작곡가—편집자), 스티비 원더(1972년부터 1976년), 바흐, 불가리아 합창단 등 다양한 장르의 음악을 듣는다.

아이가 세 살 때부터 뉴질랜드 교향악단의 공연을 한 번도 빠뜨리지 않고 보러 갔다. 오페라 〈카르멘〉도 보여주었는데 아이가 처음부터 끝까지 흥미를 느끼면서 잘 보았다.

우리는 매주 도서관에서 책을 몇 권 빌려 와 매일 밤 한 시간씩 함께 읽는다.

우리는 매우 다양한 영화들을 보는데 아이가 전체적인 이야기 흐름을 완전히 이해할 수 있도록 아무런 방해도 받지 않고 처음부터 끝까지 감상한다. 유명 디즈니 영화들은 포르투갈어나 중국어 버전으로 본다.

내 요점은 이렇다

앞에서 이야기했듯, 내가 부모로서 아이를 위해 하는 일들이 나를 위한 일들이기도 하다는 사실을 깨달았다.

아이의 주의집중 시간을 늘려줌으로써 내 주의집중 시간도 늘어난다.

아이의 세계로 들어감으로써 내 세계를 내려놓는 일종의 명상 효과가 있다.

아이의 감각 경험을 넓힘으로써 내 감각 경험도 넓어진다.

나는 육아가 온전히 아이를 위한 이타적인 일이라고만 생각했다. 하지만 우리가 이타적이라고 생각하는 거의 모든 일들이 그러하듯, 아이뿐만 아니라 나도 이익을 얻는다.

(추신. 아이의 이름이나 얼굴은 온라인에 없다. 아이 허락 없이 온라인에 공개하는 것은 옳지 않은 일이라고 생각했기 때문이다. 아이가 준비되었을 때 스스로 그렇게 할 것이다.)

Life Question ㊾
부모가 아이의 세계로 들어가려면 어떤 방식으로 접근해야 할까?
_____ sive.rs/pa

51

그래, 밀트, 나 다시 글을 쓸게

OK Milt, I'll start writing again

어제 나는 가치 있는 일은 하나도 하지 않으면서 미루기만 하고 방황하다가 시간만 낭비했다.

그리고 오늘 아침에 가까운 친구가 세상을 떠났다는 소식을 들었다. 친구는 한적한 자전거 도로에서 자전거를 타다가 갑자기 덮친 차량에 그 자리에서 목숨을 잃었다.

그는 나와 온라인 음악 계정을 공유했던 친구였다. 나는 친구가 자전거를 타러 나가기 전에 브루스 스프링스틴과 닐 영의 앨범을 전부 다 다운받았다는 사실을 알게 되었다.

나는 아침 내내 울면서 생각했다. 우리는 주어진 시간에 무엇을 하는지, 무엇이 가치 있고 무엇이 낭비인지에 대해.

시간은 한정되어 있다. 아무리 그렇지 않은 척해도 엄연한 사실이다. 어떤 일에 쓰는 시간은 다른 일에 쓸 수 없다. 중요하지도 않고 진정으로 즐겁지도 않고 자신은 물론 다른 사람들에게 유용하지도 않은 일을 하면서 시간을 낭비하기란 얼마나 쉬운가. 책을 다 쓰고 노래를 작곡하고 프로젝트를 시작하는 것처럼, 중요하지만 힘든 일을 하기 위해 유혹과 저항을 물리치는 것은 쉽지 않다.

나는 오늘 아침에 중요한 것과 그렇지 않은 것에 대해 생각해보았다. 그러면서, 무엇이 나의 삶에 가치를 더해주는지, 무엇이 나를 만족시키는지를 깨닫게 되었다. 나에게는 글쓰기가 내 시간으로 할 수 있는 가치 있는 일이다. 나는 멀리 퍼진 글이 영원하다는 사실이 참 좋다.

내가 쓴 글은 시간과 공간을 넘어서서, 누군가에게 도움이 되고, 그 사람의 삶을 변화시키는 힘을 가지고 있다. 매일 낯선 사람들로부터 내가 몇 년 전에 쓴 글이 오늘 그들에게 큰 도움이 되었다고 감사하는 내용의 이메일을 받는다. 내가 쓴 글이 내가 세상을 떠나고 한참 후에도 계속 사람들에게 도움이 되리라는 사실이 좋다.

내 친구는 대화의 달인이었고, 내가 만난 가장 똑똑한 사람이었다. 하지만 그는 자기의 생각을 글로 남기진 않았다. 친구와 함께 친구의 훌륭한 생각들도 사라졌다는 사실이 너무 슬프다.

이 글은 널 위한 거야, 밀트 올린.
나, 다시 글을 쓸 거야.

HELL YEAH OR NO, WHAT'S WORTH DOING

단단한 편견을 깨는
생각 전환의 기술

52

배운 것을 잊고 다시 배우는 능력

Unlearning

내가 과거에 배운 것들이 지금은 틀렸다.

시대가 변했다.

한때 사실이었던 믿음은 이제 거짓이다. 이제는 사라진 한계를 바탕으로 한 생각들이었으니까.

예전에 통했던 방식이 이제는 통하지 않는다. 옛 도로는 없어지고 이제는 산을 통과하는 터널이 생겼다. 옛날 지도가 틀렸다면, 새로운 선을 긋는 것으로는 문제가 해결되지 않는다. 지도를 새로 그려야 한다. 그렇지 않으면 폐쇄된 도로를 따라갈 수밖에 없다.

세상은 똑같은데 내 상황이 바뀔 때도 있다. 한 목적지에 도착할 수 있었던 방법으로 다른 목적지에도 도착할 수는 없다.

해결책은 바로 의도적인 '탈학습'이다. 기존에 배운 것을 잊어버린다는 뜻이다.

1. 아는 것을 의심하라.
2. 안다고 생각하는 습관을 버려라.
3. 현재에도 여전히 사실이라는 증거를 찾아보라. 증거가 없으면 따라가지 마라.

나는 예전에 전문이었던 분야에 대해 지금은 알지 못한다. 사람들은 내가 몇 년 전에 잘 알던 것에 대해 조언을 구한다. 내가 여전히 답을 안다는 유혹에 빠지기 쉽지만 인정해야만 한다. "죄송합니다. 잘 모르겠어요."

전문가처럼 굴다가 아무것도 모르는 바보가 된 느낌을 받아들이게 되면 꽤 마음이 쓰리다. 하지만 그 고통을 반드시 겪어야 한다. 그래야만 성장할 수 있다.

존 케이지 John Cage 는 말했다. "나는 왜 사람들이 새로운 생각을 그렇게 두려워하는지 이해할 수 없다. 나는 오래된 생각들이 무섭다."

앨빈 토플러도 말했다. "21세기 문맹은 읽고 쓸 줄 모르는 사람이 아니라, 배운 후에 배운 것을 잊고 다시 배우는 능력이 없는 사람이다."

대다수 사람은 인생의 처음 3분의 1에서만 배운다. 학교는 배운 것을 잊고 다시 배우는 법을 가르치지 않는다. 우리는 세상을 명확하게 보고, 알고 싶다. 하지만 지혜의 첫 단계를 지나면 새로운 변화에 적응하는 다음 단계가 기다리고 있다.

지식을 계속 더하는 것만으로는 지혜로워지지 않는다. 빼기도 필요하다.

Life Question ⑫
배운 것을 잊는 일은 가능한가? 어떻게 해야 할까?

sive.rs/unlearning

53

성공하는 사람들의
단 한 가지 습관

Subtract

삶은 더하기뿐만 아니라 빼기를 통해서도 개선될 수 있다. 세상은 우리에게 더하기만을 강요한다. 그것이 세상에 이익이 되기 때문이다. 하지만 빼기에 집중하는 것이 성공의 비결이다. 불필요한 것들을 제거함으로써 우리의 삶에서 진정한 가치를 찾을 수 있다.

숫자가 들어간 선을 상상해보자. 왼쪽에 0이 있고 오른쪽에 20이 있다. 나는 중간의 10에 있고 싶다. 균형 잡힌 삶을 의미한다. 하지만 내가 있는 곳은 17이다.

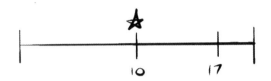

"10으로 가려면 무엇을 더해야 할까? 나는 8을 더하려고 했지만 맞지 않았다. 3을 더하면 도움이 될지 모른다. 전력을 다해 50을 더해야 할 거 같아." 이런 식이다.

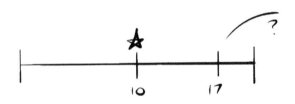

하지만 아무리 숫자를 더해도 내가 원하는 곳에 도달하지 못할 것이다.

우리에게는 '더하기 마인드셋'이 골수까지 뿌리박혀 있다. 다른 무언가가 더 필요하다고는 쉽게 생각하지만 무언가를 제거할 생각은 하지 못한다.

진짜 좋아하는 일만 하고 사는 법

내가 아는 성공하지 못한 사람들은 서로 반대되는 여러 방향으로 달리고, 주의를 흩트러놓는 방해물에 이끌리며, 거절하는 법을 모르고, 감정적인 장애물에 묶여 있다.

내가 아는 가장 성공한 사람들은 초점이 좁고, 시간 낭비로부터 자신을 보호하고, 거의 모든 것을 거절하고, 가능성을 제한하는 과거의 오래된 믿음에 얽매이지 않는다.

너무 적게 먹는 것보다 너무 많이 먹어서 죽는 사람들이 더 많다. 대부분 사람은 짐과 책임, 우선순위가 너무 많다. 빼기는 우리가 바꿔야 할 것이 밖이 아니라 안에 있다는 것을 알려준다.

54

사람들을 멍청하다고 생각하면
안 되는 이유

Smart people don't think others are stupid

그 여자는 꽤 설득력 강한 주장을 펼치고 있었다. 잠깐 멈추고 이렇게 말하기 전까지는. "휴, 사람들은 너무 멍청하다니까!"

그녀가 말한 사람들이란 남부인, 북부인, 자유주의자, 보수주의자, 중국인 또는 미국인을 의미할 수 있었다. 하지만 그것은 중요하지 않다. 그녀는 스스로 똑똑하지 않다는 것을 증명했으니까.

세상에는 똑똑한 사람도 멍청한 사람도 없다. 똑똑한 말을 하는 사람들과 멍청한 말을 하는 사람들만 있을 뿐이다.

똑똑하다는 것은 심시숙고한다는 뜻이다. 가장 쉬운 답이 아닌 진짜 답을 찾으려고 노력하는 것이다.

멍청하다는 것은 깊이 생각하지 않고 성급하게 결론을 내리는 것이다. 성급하게 결론을 내리는 것은 게임을 끝내는 것과 같고 기본적으로 지는 일이다.

보통 "모른다"라고 말하는 것이 현명한 이유도 여기에 있다. 성급한 결론을 거부하기 때문이다.

"사람들은 너무 멍청하다니까!"라는 말은 생각하길 멈춘 것과 같다. 그들은 그런 결론에 도달하고 나서 만족스러워서 그렇게 말했을 것이다. 하지만 당신이 누군가를 멍청하다고 판단한다면, 그것은 당신이 충분히 생각하지 않았다는 증거이며, 이는 똑똑하지 못한 행동이다.

똑똑한 사람들은 다른 사람들을 멍청하다고 단정 짓지 않는다.

Life Question ㉞
남을 '멍청하다'라고 판단하는 것이 왜 똑똑하지 못한 행동인가?

sive.rs/ss

55

그들이 아니라 내가 중요하다

The mirror: It's about you, not them

만약 당신이 멋진 그림을 보고 매료되었다면 그 그림을 그린 화가가 탈세했다는 사실을 알게 되었을 때 문제가 될까? 더 이상 그림이 마음에 들지 않게 될까? 누군가가 당신에게 사람들의 이름을 외우는 좋은 방법을 가르쳐준다고 하자. 그 사람이 알코올 중독자라는 것을 알게 되어도 상관이 없는가? 그가 알려준 암기법을 미심쩍어하게 될까?

나는 표지에 작가의 사진이 있는 책을 사면 서점을 나서기도 전에 표지를 뜯어 쓰레기통에 버린다. 나는 작가가 누구든 상관없다. 중요한 건 책에 들어 있는 생각들과 내가 그

것을 어떻게 활용하는가이다.

제임스 브라운James Brown은 음악적으로 나에게 가장 큰 영향을 끼친 사람이다. 그에 대한 존경심을 담아 내 밴드 이름을 '히트 미'Hit Me라고 지었을 정도다. 방에는 그의 포스터가 붙어 있었다. 하지만 90년대 초 워너/채펠 뮤직에서 일하던 어느 날, 나는 제임스 브라운이 사무실을 방문한다는 말을 듣고 그와 마주치지 않기 위해 일찍 퇴근했다. 그를 실제로 보고 결함이 발견된다면 내 인생을 바꿔준 완벽한 음악에 오점이 생길까 두려워서였다.

어쩌면 이런 사례가 너무 예민하게 느껴질 수도 있지만 그때 나는 작품을 만든 사람이 아니라 내가 작품에서 무엇을 얻느냐가 중요하다는 사실을 기억하고 싶었다. 나는 사람들에게 도움이 될 만한 훌륭한 책을 추천하곤 하는데, 작가에 관해 마음에 들지 않는 사실을 알게 되어 상대방이 그런 추천을 받아들이지 않는 경우가 가끔 있다.

내 생각에는 그것은 이렇게 말하는 것과 같다. "메시지를 전하는 사람이 완벽하지 않으니까 이 메시지는 들을 가치가 없어." 하지만 책을 읽는 행위에서 중요한 것은 나 자신과 내가 그 책에서 얻는 것에 있다. 출처가 무엇이든 간에 우리가 얻은 아이디어로 무엇을 하느냐가 중요하다. 당신만의 방식으로 당신의 인생에 활용하라.

그들이 아니라 내가 중요하다.

56

남자와 여자는 똑같다

Assume men and women are the same

남자들은 말한다. "여자들은 너무 우유부단해."
하지만 사실은 남자와 여자는 둘 다 똑같이 우유부단하다.

여자들은 말한다. "남자들은 겉과 속이 달라."
하지만 남자나 여자나 투명하지 못한 것은 똑같다.

우리는 자신이 속한 집단과 다른 집단의 차이가 실제보다 크다고 생각한다.
하지만 똑같은 남자들과 똑같은 여자들 사이의 차이가 남자와 여자의 차이보다 훨씬 더 크다.

그러니 그 차이를 과장하지 말고 남자와 여자는 똑같다고 생각하자.

물론 남녀가 모든 면에서 똑같지는 않지만, 이 규칙을 따르면 보다 더 정확해질 확률이 더 높다.

새로운 나라에 가서 살아보라

Moving for good

지금 당신은 그동안의 경험으로 만들어진 존재다.

당신의 나라, 가족, 도시, 무작위적인 상황, 친구들은 모두 당신이 생각하는 방식에 영향을 끼쳤다. 지구 반대편에서 자란 사람들은 서로 가치관과 생각 패턴에서 차이가 있을 것이다.

하지만 계속 똑같은 일만 겪으면 마음이 똑같은 패턴을 유지한다. 입력되는 정보도 똑같고 반응도 똑같다. 한때 호기심도 많고 계속 성장했던 뇌가 뿌리 깊은 습관에 고정된다. 당신의 가치관과 견해는 단단하게 굳어지고 변화에 저항한다. 유연성은 쓰지 않으면 사라진다.

당신은 예상하지 못하거나 놀라야만 뭔가를 배울 수 있다. 놀라지 않으면 모든 것이 기존의 사고방식과 정확히 맞아떨어진다. 더 똑똑해지려면 놀라고 새로운 방법으로 생각하고 자신과 다른 관점을 깊이 이해해야만 한다.

노력한다면 편안한 집에서도 어느 정도 가능한 일이다. 하지만 당신이라는 세상을 흔들어놓는 가장 효과적인 방법은 다른 나라로 이사하는 것이다. 당신과 가장 동떨어진 느낌이 드는 장소를 골라 그곳으로 가라.

그렇게 하면 배움의 마인드셋이 계속 유지된다. 슈퍼마켓에서 물건을 사는 것처럼 예전에는 아무런 생각 없이 습관적으로 했던 일도 마음을 활짝 열고 바짝 경계하고 새로운 것을 알아차리면서 하게 된다. 새로운 문화에 처음 들어온 사람들은 현지인들이 모르는 것을 알아차릴 때가 많다. (물고기는 자신이 물속에 있다는 것을 알지 못한다.)

관광객이라고 생각하지 마라. 진심으로 그곳을 새로운

생활 터전으로 삼아라. 진심으로 임하고 현지인처럼 완전히 스며들어라.

지역 주민들과 깊은 우정을 쌓아라. 질문을 많이 하라. 사람들에게 그곳 생활에 관해 설명해주고 직접 보여달라고 하라. 그들이 사실을 말할 때는 어떻게 아는지 물어보고 그들이 의견을 말할 때는 예를 들어 달라고 한다.

처음에는 그들의 가치관과 방법이 잘못되었다고 느껴질 수 있다. 당신에게 익숙한 방식을 따르면 그들의 삶이나 아이디어가 더 나아질 수 있다고 말해주고 싶은 충동도 느낄 것이다.

하지만 그들이 옳고 나는 틀렸다는 관점으로 이해하려고 노력하라. 결국, 당신은 자신의 믿음이 옳은 것이 아니라 당신이 자란 곳의 문화일 뿐이라는 사실을 깨닫게 될 것이다. 우리는 환경의 부산물이다.

모든 나라에는 사람들이 공유하는 철학이 있다. 깊이 파고들어 그것을 이해하려고 노력해라. 이것은 우리가 자신의 뇌 건강을 위해 할 수 있는 가장 좋은 일이다. '그들'이 아니라 '우리'라고 말하게 될 때까지 새로운 문화 속에 완전히 잠겨 있어라. 뇌가 계속해서 활발하게 배우고 성장하게 하려면 앞으로 계속 세계 곳곳으로 가서 살고 새로운 문화에 노출되어야 한다.

손가락이 아니라 달을 봐라

Learning the lesson, not the example

은유적으로 글을 읽는 법을 배운 것은 내 인생에 커다란 전환점을 가져다주었다.

버클리 음대에 다니던 19세 때 나는 음악 말고 다른 것에는 관심이 없었다. 그래서 교수님이 경제경영서인 『포지셔닝』을 읽으라고 했을 때 이렇게 생각했다. "비즈니스가 웬 말이야? 우웩. 난 경영대생이 아니라 음대생인데! 난 기업 임원이 아니라 음악가가 될 사람인데!"

교수님은 우리에게 그 책에 담긴 비즈니스 분야의 교훈

을 음악에 어떻게 활용할 수 있는지 보여주었다. 그 책에는 음악에 대한 언급이 없지만, 교수님은 어떤 일에도 거기서 배운 지식을 응용할 수 있다고 했다.

달리 말하자면 이렇다.
보이는 것 자체에 집중하지 마라. 그 교훈을 은유로 활용하고 자신의 상황에 응용하라.

지금은 너무도 당연해 보이지만 예전에는 그런 식으로 생각해본 적이 없었다. 음악과 전혀 상관없는 책을 읽는 것도 내 음악 경력에 도움이 될 수 있다는 것을 깨달았다. 음악 분야가 아닌 책을 읽음으로써, 음악에 대한 새로운 시각이나 접근법을 발견할 수 있었다. 다른 음악가들은 그렇게 하지 않으니 나만의 경쟁 우위도 생긴다!

20년이 지난 지금 나는 내가 배운 교훈을 나누기 위한 기사를 쓴다. 그런데 가끔 댓글을 보면 더 큰 교훈이 아니라 내가 무작위로 든 보기에 집중하는 사람들이 있다. 당신이 놓인 상황을 정확하게 아는 사람은 없다. 그러므로 우리는 항상 교훈의 본질에 집중하고, 우리의 상황에 어떻게 적용할 수 있을지를 고민해야 한다. 글을 읽을 때, 단순히 표면적인 내용만 이해하는 것이 아니라, 그 안에 담긴 깊은 의미와 교훈을 이해하려는 노력이 필요하다. 은유적으로 글을 읽어라.

때로는 과도한 보상이 필요하다

당신에게는 바꾸고 싶은 것이 있다. 고치고 싶은 생각 과정이나 습관이 있다고 해보자.

시소 위의 벽돌을 은유로 삼아 살펴보자. 지금은 모든 벽돌이 시소의 한쪽에 쌓여 있다. 이것은 지금까지 당신의 모습이다.

진짜 좋아하는 일만 하고 사는 법

사람들은 대부분 변화가 나타날 정도로 충분히 노력하지 않는다. 작지만 분별 있는 행동으로 벽돌 한 개가 다른 쪽으로 움직이지만 아직까지는 전체의 균형이 크게 흔들리지 않는다. 하지만 그것은 첫 번째 벽돌을 움직이게 하는 중요한 첫걸음이며, 이는 결국 큰 변화를 이끌어내는 결정적인 요소다.

당신은 변화를 만들었다고 생각할 수도 있지만, 그 과정에서 다른 요소들의 영향력을 전혀 고려하지 않고 있다. 지금까지 평생 이어온 행동 패턴, 그 패턴을 유지하게 만든 환경 그리고 그 방식에 머물게끔 하는 주변 사람들의 압박 등을 고려하지 않았다. 이러한 요소는 우리가 원하는 변화를 방해하거나, 그 변화를 지속하기 어렵게 만든다.

변화를 이루기 위해서는 극단적인 접근이 필요하다. 완전히 반대 방향으로 가야 한다. 마치 과잉 보상처럼 느껴질 수 있지만, 균형을 맞추기 위해서는 거대한 벽돌 더미를 반대쪽에 쌓아야만 한다.

이 새로운 당신은 극단적이고 흥미진진하다. 당신은 자신이 완전히 변할 것이라고 생각한다. 그러나 변화는 쉽지 않다. 과거의 잔재가 아직 남아 있기 때문이다. 따라서 균형을 맞추려면 기존의 문화적 부담, 자기 인식, 습관, 그리고 역사에 대한 보상이 필요하다.

일단 균형이 잡히면 새로운 관점이 스며들어 당신의 새로운 표준이 된다.

Life Question 59

변화를 위해 때로는 극단적인 접근이 필요한 이유는 무엇인가?

_____ sive.rs/compensate

60

의미를 부여하지 않아도 된다

한자는 복잡해 보이지만 더 작고 단순한 문자들로 이루어진다. 예를 들면 이렇다.

- 언어 語 = 말씀 言 + 다섯 五 + 입 口
- 감사 謝 = 말씀 言 + 몸 身 + 마디 寸
- 여동생 妹 = 여자 女 + 아닐 未
- 당신 你 = 사람 人 + 사사 厶 + 작을 小
- 이름 名 = 저녁 夕 + 입 口

나는 한자 공부를 좋아한다. 모든 한자가 꼭 작은 시 같다.

언어는 왜 다섯 개의 입이 말하는 단어일까?

'감사하다'라고 말할 때는 몸에 한 마디의 공간을 주는 것을 말하는 것일까?

이름은 저녁에 어떤 입에서 나오는 말일까? 왠지 낭만적이다.

이야기가 정말 생생하다. 나는 모든 한자의 뒤에 숨은 역사적이고 문화적인 의미를 상상해본다.

토킹 헤즈Talking Heads는 1975년부터 1988년까지 활동한 훌륭한 밴드였다. 그들의 가사는 많은 의미를 연상시켰고 신비로웠고—구체적이면서도 모호했다— 정말로 무슨 뜻인지 궁금하게 만들었다.

토킹 헤즈의 메인 작곡가인 데이비드 번David Byrne은 나중에 그들의 가사가 대부분 그저 무작위적이었다고 말했다. 그는 가사 몇 구절을 적은 종이쪽지를 그릇에 담고 섞었다. 그리고 그중에서 무작위로 뽑아서 노래에 넣었다.

이런 방식을 사용한 이유는 노래를 듣는 사람들이 그기

의도하지 않은 의미를 창조해내는 것이 좋았기 때문이었다.
사람들은 나란히 놓인 두 구절을 연결해 의미를 찾으려고
한다. 하지만 사실은 의미가 없었고 무작위로 넣은 말들이
었다. 그저 사람들이 의미를 만든 것이었다.

나는 한자의 의미를 찾아보기 위해 중국어 사전을 샀다.
그런데 뜻은 없고 소리만 나타내는 게 대부분이라는 것을
알게 되었다! 의미 때문이 아니라 단지 소리 때문에 한자의
구성 요소로 선택된 것들이 많았다! 사실 아무런 의미가 없
는데 내가 그냥 의미를 부여한 것이었다.

하지만 그 사실을 알면서도 나는 계속 한자의 구성 요소
에 의미를 부여했다. "시적이다. 아름답다. 이야기를 만들면
한자 암기에도 도움이 된다" 등등.

인생에서도 별 의미가 없는 것들이 얼마나 많은가?
그녀는 4월 12일에 태어났다. 그는 9월 12일에 태어났다.
이것이 무엇을 의미하는가?
어느 날 당신은 버스를 타는 대신 자전거를 탄다. 그런데
그날 당신이 평소 타던 버스가 큰 사고가 났다. 이것은 무엇

을 의미하는가?

13일의 금요일에 당신은 사다리 아래를 지나면서 검은 고양이 한 마리와 마주쳤다. 이것은 무엇을 의미하는가?

아무런 의미도 없다. 그 무엇도 본질적인 의미는 없다. 그 냥 있는 그대로일 뿐. 우리가 의미를 투영하는 것뿐이다. 그 럼에도 이야기를 만드는 것은 기분이 좋은 일이다.

어떤 사건이 완전히 무작위이거나 중립이라는 증거가 제 시되어도 우리는 자신의 선택에 따라 의미를 부여할 수 있 다. 그러면 삶이 더 시적이고 아름다워진다.

만약 무언가에 나쁜 의미를 부여해서 우울함이 느껴진다 면 어떻게 해야 할까? 그 의미가 사실이 아니라는 것을 기억 하라. 당신이 의미를 부여했으니 의미를 간단히 거둘 수도 있다.

Life Question 60

의미를 부여하는 행위는 우리의 인식과 감정에 어떤 영향을 미치는가?

sive.rs/meaning

HELL YEAH OR NO, WHAT'S WORTH DOING

내 인생에
언제나 '예스'라고 말하기

61

꾸준함이 천재성을 이기는 순간

After fifteen years of practice

나는 열네 살 때 훌륭한 가수가 되기로 결심했다. 하지만 음색도 나쁘고 음정이 높이 올라가지도 않았다. 다들 내 노래 실력이 형편없다고 했다.

열일곱 살에 보컬 레슨을 받기 시작했고 매일 밤 두 시간씩 연습했다. 방음 장치가 되어 있는 방으로 들어가 롱 톤과 음계, 아르페지오, 특정한 노래 구절을 반복해서 불렀다.

열여덟 살에 투어를 시작했고 일주일에 2~4회의 공연을 했고 항상 리드 싱어를 맡았다. 대부분은 야외 공연이라 공동 음향 시스템이 전혀 없어서 내 목소리가 관객들에게 잘 들리도록 투영하는 법을 배워야 했다.

열아홉 살에도 여전히 밤에 두 시간씩 연습했지만 여전히 음정에 문제가 있었다. 노래 실력이 별로라는 말을 계속 들었다. 내가 그 자리를 포기하고 진짜 노래를 잘 부르는 사람을 찾아야 한다고.

그러다가 워런 센더스Warren Senders가 인도 노래를 부르는 것을 들었다. 그의 음높이는 완벽했다. 그에게 달려가 어떻게 가능한지 물어보았다.

"어떻게 하면 그렇게 완벽하게 음을 낼 수 있나요? 그냥 타고난 건가요?"

그가 말했다. "아니! 내가 처음 노래를 부르기 시작했을 때는 정확한 음에서 한 발치도 아니고 축구장만큼이나 떨어져 있었어! 끔찍하게도 못했지!"

"그럼 어떻게 잘하게 된 거죠?"

그는 손가락으로 내 가슴을 꾹 찌르고 내 눈을 쳐다봤다. "연습. 수천 시간의 연습으로 가능해졌지. 내가 그 방법을 알려주지."

그해, 나는 매주 수요일 저녁마다 버스를 타고 그의 집으로 갔다. 그는 나에게 노래 부르기에 대한 심오한 사고방식을 가르쳐주었다.

나는 그 후로도 몇 년 동안 계속 리드 싱어로 투어공연을 했다. 여러 도시에서 여러 선생님에게 레슨을 받고 매일 밤한 시간씩 음정과 음계, 까다로운 부분을 연습했다.

스물다섯 살 때 첫 앨범을 녹음했다. 진정한 멘토였던 음반 제작자에게 앨범을 들려주니 그가 집중해서 듣고 나서 말했다. "데릭, 넌 노래 실력을 타고나지 못했어. 이젠 정말 그만해야 해. 넌 작곡가 역할이라는 것을 인정하고 보컬은 따로 영입해." 하지만 나는 전혀 당황하지 않고 그 자리를 떠났다. 아직이라고, 더 노력해야 한다는 걸 알고 있었다.
그 후 3년을 더 투어를 했다. 훌륭한 가수가 되겠다는 결심으로 계속 밀어붙이고 연습했다.

스물여덟 살, 내 목소리가 점점 좋아지고 있다는 게 느껴지기 시작했다. 신곡을 몇 곡 녹음했는데 처음으로 보컬이 마음에 들었다!

스물아홉에는 드디어 해냈다. 15년 동안 연습하고 수천 번이나 라이브 공연 무대에 선 끝에 드디어 좋은 가수가 되었다. 적어도 내 기준으로는. sive.rs/music의 하단에 내가 예전에 녹음한 노래가, 위에는 최근에 녹음한 게 있으니 직접 한번 평가해보기를 바란다.

내 노래를 처음 들은 사람은 말했다. "노래 실력은 타고나는 거죠. 타고나든가 타고나지 못하든가 둘 중 하나니까. 실력을 타고났으니 당신은 운이 좋네요!"

사실, 지금 나는 대부분 시간을 내가 잘하지 못하는 새로운 것을 하면서 보낸다. 그래서 노래에 관한 이 이야기를 다시 한번 새길 필요가 있었다. 뭐든 자연스럽게 해내는 사람들을 보며 경외감을 느낀다는 것은 압도적인 경험이다. 하지만 나는 초보자에 불과하다. 내가 무언가를 잘하게 되기까지 또다시 15년이 걸릴지도 모르지만 내 의지는 확고하다.

Life Question ㉝
꾸준함이 천재성을 앞서게 된 경험이 있는가?

_____ sive.rs/15-years

62

위대한 목표는
심지어 만질 수도 있다

Are you present-focused or future-focused?

당신에게는 미뤄왔던 목표가 있다.

언젠가 하고 싶은 일.

당신은 정말로 그 목표를 행동으로 옮길 마음이 있었지만 동기부여가 조금 부족했을 것이다.

그렇다면 잊어버려라. 그건 나쁜 목표니까.

만약 그것이 훌륭한 목표였다면 당신은 진즉에 행동으로 뛰어들었을 것이다. 마냥 기다리지 않았을 것이고 그 무엇도 당신을 막을 수 없을 것이다.

목표의 목적은 미래를 개선하는 것이 아니다. 미래는 존재하지 않는다. 미래는 우리의 상상 속에만 존재할 뿐이다. 존재하는 것은 지금 이 순간과, 당신이 지금 이 순간에 하는 일뿐이다. 지금 이 순간의 행동을 얼마나 잘 변화시키는지로 목표를 판단하라.

나쁜 목표는 "언젠가 그렇게 하고 싶다"라고 말하게 한다.
위대한 목표는 즉시 행동을 취하도록 만든다.

나쁜 목표는 안개 낀 것처럼 흐릿하고 멀게만 느껴진다.
위대한 목표는 명확하고, 구체적이고, 거의 만질 수 있을 것처럼 가까이에 있다. (이것은 계속 목표를 추구하기 위해 매우 중요한 부분이다.)

나쁜 목표는 '어떻게 시작해야 할지 모르겠어요'라고 말하게 한다.
위대한 목표라면 다음에 무엇을 해야 하는지 정확히 알 수 있다.

나쁜 목표는 "자면서 생각해보지, 뭐"라고 말하게 한다.

위대한 목표는 "잠자는 시간이 아까워! 새벽 2시까지 했는데 7시에 일어나서 또 했어"라고 말하게 한다.

니쁜 목표는 "그렇게 되면 좋겠다"라고 말하게 한다.
위대한 목표는 "맙소사! 그래! 그러면 끝내줄 거야. 빨리 그렇게 됐으면!"이라고 말하게 한다.

나쁜 목표는 "다른 거 끝내고 해야겠다"라고 말하게 한다.
위대한 목표는 너무 흥미롭고 중요해서 절대 다른 것에 주의를 돌릴 수가 없다.

어떤 목표들은 훌륭해 보인다. 친구들이 감탄하거나("난 자전거를 타고 인도를 횡단할 거야"), 오래된 소원을 충족해주거나("난 우주에 갈 거야"), 자신에게 의미 있는("난 살을 10킬로그램 뺄 거야") 목표들이다. 하지만 지금 당장 행동을 바꾸어주지 않는다면 그것은 좋은 목표가 아니다. 당신을 흥분시키는 다른 목표를 찾아라.

Life Question ☺
당신에게는 위대한 목표가 있는가?

sive.rs/goals

63

삶에서 영감을 증폭시키는 법

Seeking inspiration?

'영감'이란 보통 '정신적으로 당신을 자극하는 것'을 말한다.

하지만 '영감'은 숨을 들이마시는 것breathe in을 의미하기도 한다.

당신이 새로운 생각을 들이마실 때 여러 의미가 시적으로 결합하고, 몸은 아이디어로 가득 채워진다.

하지만 숨을 내쉬는 것breathe out도 잊으면 안 된다.

사람들은 종일 웹 서핑을 하고 간결한 기사를 읽으면서

영감을 찾으려고 한다. 몇 시간 동안 팟캐스트나 유튜브를 보며 영감을 찾으려고 한다. 음악가, 작가, 예술가, 모든 사람은 영감을 얻기 위해 전 세계를 샅샅이 뒤진다. 그렇게 숨을 들이마시고, 들이마시고, 들이마시고, 또 들이마신다. 그들은 진정으로 그들에게 영감을 주는 무언가가 있으리라고 생각하며 더 많은 것을 찾으려고 한다.

하지만 대부분은 충분히 영감을 받지 못한다고 느낀다. 왜 그런지 알고 싶은가?

자기 일에 적용하지 않는 한 세상의 어떤 것도 진정으로 영감을 주지 못하기 때문이다. (여기에서 '일'은 당신 인생의 아웃풋을 말한다. 그것은 창작일 수도 있고 사업일 수도 있고 개인적인 것일 수도 있다.)

다시 말해서, 당신의 일 자체가 영감이다.

당신은 무언가를 듣거나 보고 새로운 아이디어를 떠올릴 수 있다. 하지만 모든 것을 멈추고 새로운 관점을 통해 당신의 일을 생각할 때 비로소 자리에서 일어나 그 아이디어를 현실로 바꿀 수 있다.

그것이 모든 사람이 찾는 진정한 영감이다.

영감은 정보를 받지 않는다. 영감은 당신이 받은 것을 적용한다.

우리는 기사를 계속 읽고 책을 훑어보고 강연을 듣고 사람들을 만나면 갑자기 영감이 떠오를 것이라고 생각한다. 하지만 끊임없이 영감을 구하면 오히려 영감을 쫓아내게 된다. 잠시 인풋을 멈추고 아웃풋에 집중해야만 한다.

영감을 받으면 무조건 당신의 일에 적용함으로써 그것을 증폭시켜야 한다. 그러면 마침내 당신이 찾던 영감을 느낄 수 있다.

숨을 들이마시고 내쉰다.
들이마시고 내쉰다.

Life Question ⑥3
영감을 찾는 과정에서 인풋보다 아웃풋에 집중해야 하는 이유는 무엇인가?

_____ sive.rs/io

64

나의 72가지 미래

Possible futures

가끔 나는 미래에 대한 중대한 비전이 떠오른다. 몇 달 또는 몇 년이 걸릴 거대한 프로젝트가 눈앞에 갑자기 선명해진다. 흥미롭고 도전할 가치가 있는 일이다. 그러면 열심히 연구하며 많은 계획도 세우고 인생의 새로운 방향에 대한 중대한 결정도 내린다.

그런데 한 달 후 완전히 다른 비전이 생긴다. 이전의 비전과 전혀 관련 없지만 더 큰 흥분감을 주는 것이다. 새로운 비전을 위해 앞의 과정을 반복한다.

나는 이 사실에 죄책감을 느꼈다. 미래를 위한 새 아이디어일랑 이제 그만 떠올리고 하나만 진득하게 밀고 나가야 한다는 생각이 들었다. 아이디어를 행동으로 옮기지 않는 것에 대한 죄책감이 컸다.

그래서 나는 이와 관련해 작은 변화를 도입하게 되었고 그것은 나에게 큰 변화를 가져다주었다. 컴퓨터에 "가능한 미래"라는 이름으로 폴더를 만든 것이다. 그 폴더 안에 모든 큰 계획들을 따로 파일로 만들어 그 안에 관련 아이디어와 연구 내용을 넣는다.

그러면 모든 계획이 가능한 미래라는 것을 알기에 당장 아이디어를 행동으로 옮기지 않는다고 해도 죄책감을 느낄 필요 없이 마음껏 상상의 나래를 펼칠 수 있다.

많은 계획으로 가득한 이 폴더는 내가 공상 그 자체를 좋아한다는 사실도 알려준다.

오늘 기준, "가능한 미래" 폴더에는 총 72개의 미래가 있다. 1년에 몇 번씩 파일들을 전부 다 읽어본다. 나중에 읽어보면 바보같이 느껴지는 것들도 있지만 갈수록 더 큰 흥분감을 주는 것들도 있다.

큰 프로젝트가 끝나고 새로운 미래로 나아갈 준비가 되었다고 느껴지면 이 폴더를 열고 하나를 골라서 실행한다.

Life Question 64
미래에 대한 다양한 비전을 가지면서도 흥분감을 유지하는 방법이 있는가?

_____ sive.rs/futures

65

열정과 목적을 찾다가 지쳤다면

If you think you haven't found your passion…

많은 사람이 말한다. "난 아직 내 진정한 열정을 찾지 못했어!"

매사를 '열정'과 '목적'의 관점에서 생각하는 것은 위험한 일이다. 압도적일 정도로 버겁게 느껴지기 때문이다. 사랑은 무조건 로미오와 줄리엣의 사랑 같아야 한다고 생각한다면, 느리면서도 점점 커지는 소중한 관계를 별것 아니라고 무시할 것이다. 아직 열정의 대상을 찾지 못했다고 생각한다면 그것이 필시 압도적일 만큼 거대한 것이라고 생각하기 때문이리라.

그러지 말고 순간에 주의를 기울여 당신을 흥분시키고 두렵게 하는 작은 일들이 무엇인지 알아차리라.

프로그래밍에 관한 책을 몇 시간이나 파고드는 자신을 발견한다면 그쪽으로 밀고 나가봐라! 더 깊이 파고들어라. 어쩌면 그게 당신의 새로운 사명일 수도 있다. 어떤 거대한 아이디어가 뇌리에서 떠나지 않고 두려우면서도 호기심을 자극한다면 도전해볼 가치가 있는 일이다.

우리는 자신을 흥분시키면서도 두려운 마음이 들게 하는 것에 도전하면서 성장한다.

66

두렵다면 도전하라

Whatever scares you, go do it

나는 가장 자주 활용하는 좌우명이나 규칙이 있느냐는 질문을 자주 받는다. 바로 이것이다.

두렵다면 도전하라.

나는 30년 동안 인생의 크고 작은 일들에서 이 규칙을 따랐고 효과가 꽤 좋았다.

작은 차원에서 보자면 말 걸기가 떨리고 겁나는 사람이 있을 수 있다. 자신의 두려움을 스스로 알아차리는 순간이다. 바로 이거다! 두렵다면 도전해야 한다. 가서 꼭 말을 걸어보라.

큰 차원에서는 이런 일이 해당할 것이다.

자꾸만 머릿속을 떠나지 않는 거대한 아이디어.
사업을 시작하거나 해외여행을 가거나 직장을 그만두는 것 같은 일들.

이런 아이디어나 계획은 종종 우리에게 두려움을 주지만, 그 두려움이야말로 우리에게 도전해보라고 말해주는 신호다.

두려움은 흥분감의 한 형태일 뿐이다. 흥분감을 주는 일이라면 반드시 도전해야 한다. 그것은 우리에게 새로운 도전을 하라고 권하는 신호이며, 그 도전을 통해 우리는 새로운 경험을 얻게 되고, 우리 삶은 풍요로워진다.
무엇보다 아무리 무서운 일이라도 일단 해보면 더 이상 두렵지 않게 된다! 살아가는 동안 두려움을 느끼게 하는 일들에 모두 도전하면 세상에서 두려운 일이 점점 줄어든다.

전설적인 심리학자 에이브러햄 매슬로의 말에서도 알 수 있다.

"인생은 끊임없이 안전과 위험 감수 중에서 선택하는 과정이다. 성장을 위한 선택을 하루에 열두 번씩 하라."

나는 10대 때 그 말을 처음 듣고 마음에 새긴 채 이 법칙을 만들었다.

두렵다면 도전하라.

Life Question 66

두려움을 흥분의 한 형태로 보는 것은 왜 중요한가?

sive.rs/scares

진짜 좋아하는 일만 하고 사는 법

1판 1쇄 발행 2024년 1월 26일
1판 5쇄 발행 2024년 8월 14일

지은이 데릭 시버스
옮긴이 정지현
발행인 박명곤 **CEO** 박지성 **CFO** 김영은
기획편집1팀 채대광, 김준원, 이승미, 이상지
기획편집2팀 박일귀, 이은빈, 강민형, 이지은, 박고은
디자인팀 구경표, 유채민, 임지선
마케팅팀 임우열, 김은지, 전상미, 이호, 최고은

펴낸곳 (주)현대지성
출판등록 제406-2014-000124호
전화 070-7791-2136 **팩스** 0303-3444-2136
주소 서울시 강서구 마곡중앙6로 40, 장흥빌딩 10층
홈페이지 www.hdjisung.com **이메일** support@hdjisung.com
제작처 영신사

"Curious and Creative people make Inspiring Contents"
현대지성은 여러분의 의견 하나하나를 소중히 받고 있습니다.
원고 투고, 오탈자 제보, 제휴 제안은 support@hdjisung.com으로 보내 주세요.

현대지성 홈페이지

이 책을 만든 사람들
기획·편집 채대광 **디자인** 프롬디자인